高职高专会展专业规划教材

MUSEUM
DISPLAY SPACE
DESIGN

博物馆展陈空间设计

王雪莲　编著

中国建筑工业出版社

图书在版编目（CIP）数据

博物馆展陈空间设计 /王雪莲编著. —北京：中国建筑工业出版社，2014.6
高职高专会展专业规划教材
ISBN 978-7-112-16875-0

Ⅰ.①博…　Ⅱ.①王…　Ⅲ.①博物馆–陈列设计–高等职业教育–教材　Ⅳ.①G265

中国版本图书馆CIP数据核字（2014）第102158号

　　《博物馆展陈空间设计》是会展专业教材，针对高职高专学生编写。本书通过对博物馆及其展陈空间基本知识的介绍，结合经典案例对博物馆及其展陈空间进行了广泛的研究，系统全面地讲解了博物馆展陈空间的设计手法和设计原则，同时融入与之相关的设计规范。在内容编排上以基础知识与实践练习相结合的方式为主，顺应高职高专学生的特点，注重学生实践能力的训练，实训练习贯穿整个教学过程。全书分为五章，详细论述了关于博物馆、对展陈空间的认识及营造、博物馆展陈空间的展示方式、陈列布展的设计方法与流程以及如何成为一名优秀的陈列展览设计师。博物馆展陈空间设计是一项综合性的设计，希望本书能对相关专业的学生及从业人员有所帮助。

　　本教材可作为高职高专院校会展专业在校生的专业教材，也可作为展示设计行业从业人员及对展示设计感兴趣的普通读者的参考用书。

责任编辑：吴　绫　李东禧
责任校对：陈晶晶　党　蕾

高职高专会展专业规划教材
博物馆展陈空间设计
王雪莲　编著
＊
中国建筑工业出版社出版、发行（北京西郊百万庄）
各地新华书店、建筑书店经销
北京嘉泰利德公司制版
北京顺诚彩色印刷有限公司印刷
＊
开本：787×1092毫米　1/16　印张：7¼　字数：180千字
2014年7月第一版　2014年7月第一次印刷
定价：**39.00**元
ISBN 978-7-112-16875-0
　　　　（25649）

"高职高专会展专业规划教材" 编委会

主　编：魏长增

编　委（按姓氏笔画排序）：

王雪莲　朱　琳　刘　洋　刘　梁

张　萌　曹维玥　蒋　琨　傅　兴

序

20世纪90年代以来,随着国民经济的快速发展,会展设计行业越来越为政府和社会各界所重视,全国多个省、自治区、直辖市相继把大力发展会展业写入政府工作报告,并予以大力扶持。正是在这样的大背景下,会展设计逐渐形成体系相对完整、具有跨学科与综合性强等特点的新兴行业。

会展设计兼具艺术性、科学性、时代性,具有跨学科相互融合的特点,是多学科交叉发展后形成的新专业。会展设计业对设计从业人员的综合素质要求较高,对人才培养的适合度要求更加严格。然而,长期以来成系统的会展设计专业教材数量较少,能够有针对性地服务于高职高专会展设计专业教学特点的系列教材更是难觅踪迹。

本套规划教材的主要编写单位天津职业技术师范大学是天津市最早设立会展设计专业的高校之一,自2009年起,已培养出多届会展设计的职教师资和专业设计人才,在培养过程中形成一套具有特色的人才培养模式,为高职院校和企业输送了大量的专业人才,建立并完善了一套较科学合理的课程体系。本套教材在此基础上,结合高职院校学生培养特点,将近年来多位优秀教师的研究成果和教学经验编入教材中。

本次编写通过将最新的观念和信息与传统知识相结合,增加了全新案例的分析和经典案例的点评,从新时代的角度探讨了会展设计以及相关的概念、方法与理论。考虑到教学的实际需要,本套教材在知识结构的编排上力求做到循序渐进、由浅入深,并且通过大量实际案例的分析,使内容更加生动、易懂,具有深入浅出的特点。希望本套教材能够为会展设计相关专业的教师和学生提供帮助,同时也为此专业的从业人员提供一套较好的参考资料。

在本套教材出版之际,本人需要特别感谢中国建筑工业出版社的各级领导、相关编辑及所有为本书出版提供帮助的同志,正是他们的鼎力支持和指导才使本套教材能够及时出版。

目前,会展设计还是一个新兴专业,有大量的问题需要深入研究和探讨。由于时间紧迫和自身水平的限制,本套教材难免存在一些问题,希望广大同行和学生能够予以指正。

魏长增

2014年5月

前　言

　　"博物馆"一词，源于希腊文"Mouseion"，原意为"祭祀缪斯的地方"。最初，博物馆仅用于文物、珠宝等的收藏活动。在适应社会发展的漫长历程中，博物馆的建设理念、功能、内容、形态及展陈方式、方法均不断发生着改变，同时适应与引导了大众知识水平及欣赏水平的变化，人本主义、文化传承、生态环保、精细设计也开始深入博物馆设计之中。展陈空间是博物馆设计的主体，博物馆展陈空间设计的目的是要营造一个与博物馆主题相契合的空间、为展品创造一个最适宜的陈列环境、为参观者提供流畅的参观路线及舒适的观展氛围，达到内容与形式的完全统一。如今，随着社会的进步和高新技术的迅猛发展，博物馆空间单纯的物品陈列展示已不能满足参观者的需求，以人为本的情感体验和参与感是观众的新的价值取向，教育性、娱乐性、参与性共同成为博物馆陈列设计追求的目标。

　　本教材针对高职高专院校会展专业学生编写，为了使学生能全面系统地掌握博物馆展陈空间的设计方法，书中分为五个章节进行深入阐述。通过对博物馆及其展陈空间基本知识的介绍，结合经典案例对当前博物馆及其展陈空间进行了广泛的研究，阐述了博物馆展陈空间的设计手法和设计原则，并结合高职高专学生特点，辅以实训练习贯穿整个教学过程，引导学生掌握博物馆展陈空间的设计流程和方法，培养学生独立进行展陈空间设计的实训技能。博物馆展陈空间设计是一项综合性的设计，不仅需要学生掌握扎实的专业基础知识，还要具备一定的职业素质，希望本教材的论述能对本专业学生有所帮助。

目　录

第一章　关于博物馆

教学目标

掌握关于博物馆的基本理论知识，了解博物馆空间的发展历程和主流趋势。

教学重点

博物馆的主要功能以及博物馆分类。

教学难点

不同类型博物馆展陈空间的基本特征。

建议学时

8学时。

博物馆是一个国家或地区社会文明、经济、文化发展水平的重要标志，是展示地区文化和国家文化的窗口。文化权利是立国之根本，也是人人都应当享有的基本权利，博物馆对于当今社会生活、国家文化建构具有重要意义。20世纪以来，世界博物馆建设蓬勃发展，博物馆建筑从单一走向多元、从传统走向现代，博物馆的社会效应日益增强，功能不断扩展。博物馆以学习、教育、娱乐为目的，对公众开放，为社会发展提供服务。

第一节　为何要设计博物馆

一、博物馆的定义

随着社会、经济、文化的发展变革，博物馆的职能、形态、内容也一直处于不断的发展变化之中。近年来，人们不断对旧的博物馆进行改建，同时也在不停建造新的博物馆。国际上对于博物馆的定义的修订一直未停止。1974年6月，国际博物馆协会于哥本哈根召开会议，将博物馆定义为"是一个不追求营利，为社会和社会发展服务的公开的永久机构。它把收集、保存、研究有关人类及其环境见证物当作自己的基本职责，以便展出，公之于众，提供学习、教育、欣赏的机会。"1989年国际博物馆协会召开的第十六届全体大会中通过的《国际博物馆协会章程》将其修订："博物馆是一个为社会及其发展服务的、非营利的永久性机构，并向大众开放。它为研究、教育、欣赏之目的征集、保护、研究、传播并展出人类及人类环境的物证。"

我国的《博物馆建筑设计规范》（JGJ 66—1991）中关于博物馆的定义为：博物馆建筑是供收集、保管、研究和陈列、展览有关自然、历史、文化、艺术、科学、技术方面的实物或标本之用的公共建筑。博物馆建筑设计必须与完整的工艺设计相配合，满足藏品的收藏保管、科学研究和陈列展览等基本职能，并应设置配套的观众服务设施。我国的这一解释与国际上对于博物馆的定义在根本上是一致的，由此可以看出现代意义上的博物馆已经逐渐发展为集收藏、展示、教育、娱乐、休闲于一体的公众空间，进一步走入人们的生活。

二、博物馆的职能

由博物馆的性质可将博物馆职能总结为以下几个方面：收藏和展示、研究和教育以及新时期的辅助职能。

（一）收藏和展示

收藏展示是博物馆最基本、最传统的职能。不同类型的博物馆会选择该方向最具代表性和价值的展品进行采集和收藏，保存文化和自然遗产以及各专业方向的优秀展品，同时将这些展品分类、归纳、保护，用于传承及展示，以达到博物馆的教育意义及其为社会发展服务的职责（图1-1、图1-2）。

图1-1　周邓纪念馆展厅　　　　　　　　　图1-2　收藏与展示

（二）研究和教育

由博物馆的收藏功能决定了博物馆具有一定的调查研究职能。博物馆可为参观者和研究人员提供详尽全面的关于展品的相关资料，有助于相关人员了解展品及其相关方向的背景和价值等。同时，随着社会的发展，人们对于文化的需求日趋多样化。越来越多的人乐于从学校之外获取更直观、更丰富的知识。博物馆就肩负着社会教育和文化传播的职责。博物馆参观者不受年龄及文化层次的限制，同时博物馆类型日趋多元、展品丰富、展示手段多样化，相比书本教育的传统教育方式，博物馆的教育形式更自由、更直观多样。博物馆教育作为学校教育的一种辅助手段，已经越来越被大众所接收和认可。

（三）新时期的辅助职能

随着社会发展的进步，新时期的博物馆也不再局限于传统职能，而是增加了一些辅助职能。如休闲、娱乐及文化艺术活动中心的职能等。很多博物馆都设有专门的休息空间、咖啡厅、餐厅、销售区等，有的还可以作为演讲、公众集会使用。著名美籍华裔建筑师贝聿铭设计的美国国家美术馆东馆的三角形中央大厅就不定期承担集会、举办公众活动的功能（图1-3、图1-4）。博物馆已逐渐成为人们休闲、娱乐、学习的新去处。

图1-3　美国国家美术馆东馆　　　　　　　图1-4　美国国家美术馆东馆中央大厅

第二节　博物馆发展历程

一、西方博物馆发展历程

博物馆英文"Museum"一词是从"Muse"发展而来，原指供奉缪斯女神的神殿，到17世纪开始指收藏设施的总和，沿用至今。博物馆最早起源于文物、珠宝等的收藏活动，在古代，奇珍异宝往往保存于宫殿、教堂、官邸、修道院之中，主要供贵族及上流社会参观玩赏，并且一般以私人收藏的形式出现，与公众意义距离较远。

到欧洲文艺复兴时期，意大利佛罗伦萨美狄奇家族修建了一座办公建筑，用来收藏世界各地的艺术品。后来发展为世界上第一座真正意义上的美术馆，即乌菲齐（Uffizi）美术馆，这也是世界上第一座专业的美术馆。这个美术馆如今仍然收藏着大量艺术精品，有"文艺复兴艺术宝库"之称（图1-5、图1-6）。

1683年，世界上第一座对外开放的公共博物馆——英国牛津大学的阿什廉姆博物馆向公众开放，这一博物馆建筑兼顾收集藏品和为学校科研服务的双重职责（图1-7、图1-8）。

1759年，第一座世界性的综合博物馆——大英博物馆正式对外开放，这是最著名的博物馆之一，它与乌菲齐美术馆和卢浮宫并称世界三大美术馆。馆内收藏容纳了来自世界各地的艺术珍品（图1-9、图1-10）。

图1-5　乌菲齐美术馆

图1-6　乌菲齐美术馆走廊

图1-7　阿什廉姆博物馆

图1-8　阿什廉姆博物馆内部

图 1-9　大英博物馆　　　　　　　　　　　图 1-10　大英博物馆图书馆

　　1793 年，法国政府决定将法国卢浮宫作为国立博物馆对外开放。这是博物馆发展过程中的重大转折点，对博物馆事业的发展起到了巨大的推动作用，从此，博物馆由私人场馆转向向社会和公众开放（图 1-11）。

　　到 18 世纪末，在西方工业革命的促进下，博物馆建筑也从复古主义进入现代主义设计时期。如纽约现代艺术博物馆（图 1-12、图 1-13）就是这一时期的代表。随后，高技派、后现代主义、

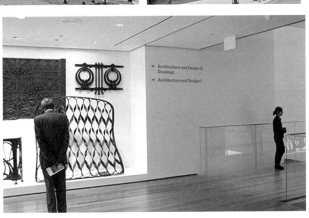

图 1-11　图 1-12

　　　　　图 1-13

图 1-11　法国卢浮宫
图 1-12　纽约现代艺术博物馆
图 1-13　纽约现代艺术博物馆内部

解构主义等风潮来袭，多种建筑流派并存，博物馆风格也日趋多元。这期间，标志博物馆建筑现代主义进入鼎盛时期的是美国建筑师赖特设计的纽约古根海姆博物馆（图1-14、图1-15）。

图1-14　纽约古根海姆博物馆　　　　　　图1-15　纽约古根海姆博物馆展厅

二、中国博物馆发展历程

中国博物馆建筑的萌芽也是起始于中国古代皇家或上流社会私人的文物收集场所。中国真正意义上的早期博物馆建筑是从鸦片战争之后开始出现的。

中国近代第一座博物馆是1868年法国人在上海创办的上海震旦博物院。此外，外国人还在中国陆续创办了天津北疆博物馆（图1-16）、旅顺满蒙博物馆（图1-17）等。

到1905年，中国人才自己创办了第一座博物馆——南通博物苑，创建者是中国清末实业家张謇。这个博物馆明显受到中西方文化的共同影响，在建筑形式和装饰手法上既有西方建筑式样，又有中国传统建筑的特征（图1-18）。

到20世纪二三十年代，中国建筑受到"民族风格"的影响强烈。代表作有原上海市立博物馆，这是建筑师将现代风格与中国传统文化相结合的典型例子（图1-19）。

新中国成立后的博物馆建筑，主要受苏联风格及政治因素的影响较大，这一时期出现的博物馆建筑包括原中国革命博物馆、原中国历史博物馆、中国美术馆（图1-20）、中国人民革命军事博物馆（图1-21）、中国农业博物馆、北京天文馆（图1-22）等。"文化大革命"期间博物馆建筑受到较大影响，基本处于停滞状态，粉碎"四人帮"后，1977年建成了毛主席纪念堂（图1-23）。

改革开放以来，随着经济复苏，中国的博物馆建筑也恢复了发展。数量上大大增加，类型也开始走向多元。1995年，国家批准私人博物馆成立，至今涌现出很多优秀的私人博物馆，如中国紫檀博物馆（图1-24、图1-25）、西安金泉钱币博物馆、古陶文明博物馆（图1-26、图1-27）。

通过中西方博物馆的发展历程可得出博物馆发展的总体特点：博物馆从收集珠宝珍品发

图 1-16 天津北疆博物馆

图 1-17 旅顺博物馆

图 1-18 南通博物苑

图 1-19 上海市立博物馆

图 1-20 中国美术馆

图 1-21 中国人民革命军事博物馆

图 1-22 北京天文馆

图 1-23 毛主席纪念堂

图 1-24	图 1-25
	图 1-26
	图 1-27

图 1-24　中国紫檀博物馆
图 1-25　中国紫檀博物馆内部
图 1-26　古陶文明博物馆
图 1-27　中国博物馆发展历程

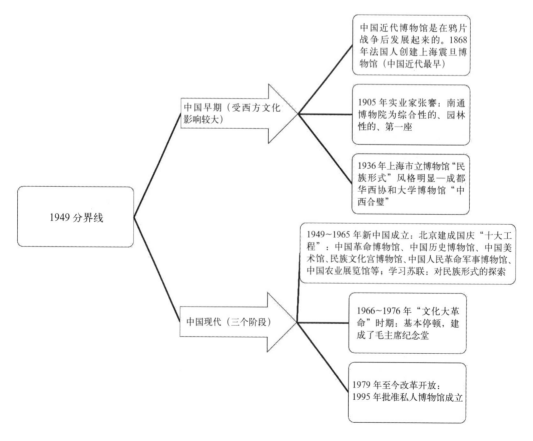

中国早期（受西方文化影响较大）

中国近代博物馆是在鸦片战争后发展起来的。1868年法国人创建上海震旦博物馆（中国近代最早）

1905年实业家张謇：南通博物院为综合性的、园林性的、第一座

1936年上海市立博物馆"民族形式"风格明显—成都华西协和大学博物馆"中西合璧"

1949 分界线

1949～1965年新中国成立：北京建成国庆"十大工程"：中国革命博物馆、中国历史博物馆、中国美术馆、民族文化宫博物馆、中国人民革命军事博物馆、中国农业展览馆等；学习苏联：对民族形式的探索

中国现代（三个阶段）

1966～1976年"文化大革命"时期：基本停顿，建成了毛主席纪念堂

1979年至今改革开放：1995年批准私人博物馆成立

展到收集人类文化的见证，服务对象从精英阶层向大众和整个社会转化。博物馆类型不断拓展，展示方式更加多元，高新技术在博物馆中广泛应用，博物馆建筑已从各个方面从传统走向现代化。

第三节 博物馆类别与展陈空间特征

博物馆分类方法很多，主要分类依据包括博物馆的大小、展品内容、教育活动的性质和特点、经费来源和服务对象等（图 1-28）。不同类型的博物馆其展陈空间的主要特征也不尽相同。

根据博物馆的规模，博物馆分为大、中、小型。大型馆（建筑规模大于 10000m²）一般适用于中央各部委直属博物馆和各省、自治区、直辖市博物馆；中型馆（建筑规模为4000 ~ 10000m²）一般适用于各系统省厅（局）直属博物馆和省辖市（地）博物馆；小型馆（建筑规模小于 4000m²）一般适用于各系统市（地）、县（县级市）局直局博物馆和县（县级市）博物馆（建筑规模仅指博物馆的业务及辅助用房面积之和，不包括职工生活用房面积）。

本书根据藏品内容的不同对博物馆进行了细致的分类，博物馆主要分为以下几种类型。

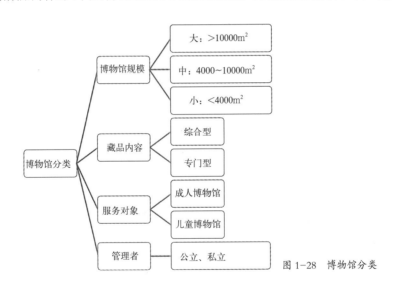

图 1-28 博物馆分类

一、综合类

包括世界性综合博物馆、国家与地方综合博物馆。

综合类博物馆能够综合反映该国家或地区的经济、政治、历史、文化、教育、科技等方面，是某一个国家或区域的缩影，文化内涵涵盖范围较广。比如中国国家博物馆、大英博物馆（图1-29）、东京国立博物馆（图 1-30、图 1-31）等。以伦敦的大英博物馆为例，该博物馆中汇集了人类劳动智慧的结晶，展品包括古希腊女神像、古印度的经文、古埃及木乃伊等各国历史文物与珍宝，是世界文化的一个缩影（图 1-32、图 1-33）。

综合类博物馆的展陈空间设计多遵循时间顺序或历史发展脉络，真实、准确地再现人类历史文明，一般没有太烦琐复杂的装饰，多通过场馆本身和展品的陈列设计体现其历史性和文化性。

图 1-29　中国国家博物馆　　　　　　　　　图 1-30　东京国立博物馆

图 1-31　东京国立博物馆内部　　　　　　　图 1-32　大英博物馆

图 1-33　大英博物馆埃及馆

二、历史类

包括历史文物博物馆、社会历史博物馆、战争与军事博物馆、考古与遗址博物馆。

历史类博物馆旨在还原历史的真实性，多以展示现存文字、影像、珍贵文物为主要方式，同时配以遗址原貌或虚拟场景的形式，为参观者提供最为详细和最具说服力的珍贵资料。比如明十三陵博物馆、中国人民革命军事博物馆、美国巴顿坦克博物馆、希腊国家考古博物馆、莫斯科国立历史博物馆（图1-34）、墨西哥国立人类学博物馆、秘鲁国立人类考古学博物馆等。

历史类博物馆的展陈空间多采用传统展示方式与现代展示手段相结合的形式，通过对展示主题符号的提炼营造文化氛围，同时注意对特殊展品或遗址的展示与保护（图1-35、图1-36）。

图1-34 | 图1-35
| 图1-36

图1-34 莫斯科国立历史博物馆
图1-35 天津博物馆展陈空间
图1-36 台湾历史博物馆展陈空间

三、民族民俗类

包括人类与民族博物馆、民俗博物馆、宗教博物馆。

民族民俗类博物馆是对不同地区、不同民族的风土人情及历史文化遗产的展现，既要体现出独特的民族民俗风情，又要激发人们对于传统民族民俗文化的传承和发扬（图1-37）。

民族民俗类博物馆的展陈空间要提炼和挖掘不同民族的特征和文化精髓，在陈列氛围上多注重展现独特的民族风情以及对民族民俗文化的传承（图1-38、图1-39）。

图 1-37	图 1-38
	图 1-39

图 1-37　天津天后宫
图 1-38　安徽省源泉徽文化民俗博物馆展陈空间
图 1-39　广西民族博物馆内部空间

四、艺术类

　　包括美术馆、现代艺术馆、工艺珍宝博物馆、建筑博物馆等。

　　艺术类博物馆最注重的是艺术氛围的营造，其展陈空间围绕展出品（绘画、工艺品、雕塑、艺术设计作品等）的数量、性质、特征等进行设计，旨在通过空间氛围和参观流线的营造来保护和凸显展品（图 1-40、图 1-41）。

图 1-40　艺术馆内部展陈空间　　　　　图 1-41　普希金造型艺术博物馆

五、文化教育类

　　包括学校博物馆、儿童博物馆、影剧传播博物馆、文化与娱乐中心。

　　文化教育类博物馆多为文化教育辅助之用，主要起到普及教育、传递知识的作用。一般既可为学校和专业人员服务，又对社会开放，为大众提供一条了解文化、艺术的途径。如上海儿童博物馆、中国电影博物馆（图1-45、1-46）、牛津大学自然史博物馆（图1-42、图1-43）、哈佛大学福格艺术博物馆、波士顿儿童博物馆（图1-44）、法国蓬皮杜国家艺术文化中心、澳大利亚当代艺术中心等。

文化教育类博物馆的展陈空间大多主题明确，文化性和教育性强。其中文化与娱乐中心的展陈空间需要具有一定的灵活度和延展性，即既有场馆本身的特点，又可作为艺术家自行运作的空间，为大众提供一个高度自由的文化艺术交流场所。

图 1-42	图 1-43
图 1-44	图 1-45
	图 1-46

图 1-42 牛津大学自然历史博物馆
图 1-43 牛津大学自然历史博物馆内部
图 1-44 波士顿儿童博物馆
图 1-45 中国电影博物馆
图 1-46 中国电影博物馆内部

六、自然类

包括综合性自然历史博物馆、专门性自然历史博物馆、园囿性博物馆、水族馆、天文馆。

自然类博物馆内容涉及广泛，包括植物、动物、天体、自然科学与实用科学、矿物、古生物及人类等。此类博物馆具有较强的教育性和科学性。如动物园、植物园、国家公园与自然保护区、英国自然历史博物馆（图1-47）、美国自然历史博物馆、法国发现宫等都属此类。

自然类博物馆的展陈空间多利用多媒体技术，注重交互式体验，同时通过先进的技术和艺术手段营造虚拟的展陈空间环境，将展示内容转化为个人体验。展出形式包括化石、标本、沙盘模型、展板等（图1-48、图1-49）。

图 1-47 | 图 1-48
　　　　　图 1-49

图 1-47　英国自然历史博物馆
图 1-48　天津自然博物馆展陈空间
图 1-49　英国自然历史博物馆展陈空间

七、科技产业类

包括综合性科技产业博物馆、专题性科技产业博物馆、科技中心。

科技产业类博物馆肩负着普及科技知识、培养创新精神的使命，主要展示科技发展史、解密各类科技原理、展出当今科技发展的最新成果、提供人与高科技的互动等。如中国煤炭科技博物馆、北京航空航天博物馆、美国国家航空航天博物馆等。

科技产业类博物馆展陈空间主要为参观者提供全方位、多感官的体验，满足参观者对科技知识的探知心理，通过参观者的视觉、听觉、触觉等多方位的亲身体验，寓科学教育于娱乐之中（图1-50、图1-51）。

图 1-50　航天博物馆　　　　　　　　　图 1-51　美国国家航空航天博物馆展陈空间

八、纪念类

包括历史事件纪念馆、名人纪念馆、名人故居。

纪念类博物馆主要为纪念在社会发展进程中具有重要意义的历史事件及具有较大贡献或影响的各类知名人士，多以事件发生地或名人故居为依托而建，用以展示历史事件的全貌及名人生平，强化该事件或人物精神的教育意义。比如"九·一八"历史博物馆、亚利桑那纪念馆（由美国政府和私人出资的在亚利桑那战舰沉没处水上建造的纪念珍珠港事件的纪念馆）、柏林犹太人博物馆、孙中山纪念馆、周邓纪念馆（图 1-52）等。

纪念类博物馆展陈空间的设计主要侧重空间属性的表达，通过对真实有效的资料的展现和场景的还原，传达一定的教育意义。近年来，纪念类博物馆的展陈空间为适应现代人的审美意识，突破传统的陈列形式，越来越强化空间的感染力和观赏性，通过现代化、科技含量高的陈列手段，制作逼真的场景，将历史凝固在瞬间，受到参观者的广泛欢迎（图 1-53）。

图 1-52　周邓纪念馆　　　　　　　　　图 1-53　柏林犹太人博物馆展陈空间

九、大型博览会场馆

包括巴塞罗那德国馆，上海世博会中国馆，各届世博会主题馆、企业馆，青岛世界园艺博览馆等。

大型博览会指规模庞大、内容广泛、展出者和参观者众多的展览会，包括世博会、园艺博览会、陶瓷博览会等。大型博览会的举办是一个国家或地区经济、文化、艺术繁荣发展的象征，大型博览会场馆是科技、文化、材料与艺术的综合体。该类场馆一般都会符合一个展会的主题。

大型博览会场馆的展陈空间多以该地区或主题的发展脉络及突出特征为主线，通过实物、声、光、电等综合手段的运用，展现人类在某一个或多个领域的发展过程及所取得的成绩。比如 2010 年上海世博会的中国国家馆，其展陈空间以"寻觅"为主线，包括"东方足迹"、"寻觅之旅"、"低碳行动"三个展区。展馆从当代切入，回顾过去并展望未来，表现出中国城市的底蕴及未来的发展之路（图 1-54、图 1-55）。

图 1-54　上海世博会中国国家馆 1　　　　　　　图 1-55　上海世博会中国国家馆 2

第四节　博物馆的现代角色

知识经济的迅猛发展，促使服务型社会下的博物馆建筑在各个方面发生着改变，为了更好地为社会和公众服务，博物馆的类型、功能及展陈方式必然都要实现转型，以求与社会的有效融合及和谐发展，具体体现在以下几点。

一、博物馆建筑类型日趋多样化

20 世纪以来，建筑创作的空前繁荣也推动了博物馆建筑的发展。新建及改建的博物馆比比皆是，博物馆的类型更加多元。具有强烈时代感、风格突出的博物馆建筑不断出现。同时，随着新的建筑材料、设计思维及设计手法的不断涌现，空间的文化内涵及精神意蕴也通过建筑形体更好地体现出来。博物馆逐渐由收藏展出的场所演变为展示地区、城市乃至国家的窗口。

1977 年在法国巴黎竣工的由意大利的伦佐·皮亚诺（Renzo Piano）和英国的理查德·罗杰斯（Richard George Rogers）设计的蓬皮杜国家艺术文化中心，是一座国家级的文化建筑，也是一座具有里程碑意义的建筑。至此，博物馆标准模式被打破，该艺术中心本身既是一件艺术品，也可以看作是一个博物馆，甚至是一个大型展台。该建筑打破了文博展览建筑的常规设计手法，是高技派的代表作品，建筑外形强调文化艺术和科技的密切关系。外露的复杂管线和钢骨结构使整个建筑充满张力。同时，建筑内部的陈列空间自由灵活，陈列方式现代多样（图 1-56~ 图 1-58）。

图 1-56 | 图 1-57
图 1-58 |

图 1-56 巴黎蓬皮杜国家艺术文化中
心全景
图 1-57 巴黎蓬皮杜艺术文化中心
图 1-58 巴黎蓬皮杜艺术文化中心展
厅一角

　　2008 年，由坂茂建筑事务所和让·德·加斯汀纳建筑师事务所共同设计的位于法国梅斯市的蓬皮杜艺术中心新馆落成，该建筑作为蓬皮杜艺术中心的卫星馆，其建筑形式也独具特色。建筑灵感来源于中国的编织竹草帽，方案的特色是巨大的网格型屋顶，整个室内空间完全没有柱子，而整个屋顶只有 4 根柱子。主体展示空间由 3 个长方形盒子纵横交错组成，是永久性的、全封闭的展览空间，为永久性展品提供优质的展出条件。在长方盒下方是相对开敞的临时性展览空间、剧场和咖啡厅等休闲空间。封闭与开敞形成强烈的对比，营造出不同的视觉感受（图1-59、图 1-60）。

　　丹尼尔·里伯斯金设计的德国柏林犹太人博物馆位于德国首都柏林第五大道和 92 街交界处，是柏林的地标性建筑，也是解构主义建筑的代表作。该建筑展示了德国纳粹份子迫害犹太人的历史，博物馆造型扭曲、外形冷酷，内部空间同样破碎无序，隐喻出犹太人所遭受的苦难（图 1-61~图 1-64）。

图 1-59	图 1-60
图 1-61	图 1-62
图 1-63	图 1-64

图 1-59　蓬皮杜艺术文化中心新馆
图 1-60　蓬皮杜艺术中心新馆
图 1-61　德国柏林犹太人博物馆
图 1-62　德国柏林犹太人博物馆外延
图 1-63　德国柏林犹太人博物馆内部 1
图 1-64　德国柏林犹太人博物馆内部 2

二、由传统功能向综合性功能转变

博物馆建筑为了适应如今的社会潮流和文化消费，其原始功能结构已经开始发生了很大的变化。逐步改变了只作为教育机构的传统职能，如今的博物馆设计兼具着三重任务，既要展示变化着的艺术的不同侧面，考虑最传统的馆藏和展出功能；又要代表城市的文化，成为城市的象征，向参观者展示该地区所包含的文化内涵；同时，休闲、娱乐、购物等功能也在大量出现。正如美国艺术史学家克里斯·布鲁斯所说："博物馆不仅是旧遗产的投影机，还应成为新文化的发生器。"

20世纪末，由建筑师弗兰克·盖里设计的古根海姆博物馆就是一个很好的例子。该建筑落成后逐渐成了毕尔巴鄂的建筑地标，带动了该地区社会与经济的繁荣，将博物馆功能与城市休闲娱乐中心功能有机结合，同时整个城市的萧条经济也由此得到复兴。随后所产生的"毕尔巴鄂效应"证明了两件事：第一，一座城市、甚至整个地区都会因为一座新博物馆的落成而受益；第二，博物馆建筑最终会从它内部展览的艺术品的桎梏中解放出来（图1-65~图1-67）。

赫尔佐格和德梅隆设计的泰特现代美术馆建于伦敦泰晤士河南岸，是由Bankside发电厂改建而成的。美术馆内部展示空间多样，既可以展示艺术品，又可以举行小型聚会，同时有咖啡厅等休闲空间和设施。这一建筑也在很大程度上带动了伦敦的城市建设和旅游发展（图1-68）。

随着博物馆功能的转变，在某种程度上可以说博物馆是其所在地区或城市的某个时期的写照。设计师的职责就是将这些任务在博物馆建筑及空间中表现出来。一座优秀的博物馆建筑犹如催化剂，可以引领整个城市或地区的经济复苏。博物馆建筑本身的功能与其所营造的氛围相结合使其成为文化聚集中心，这种态势已经慢慢改变了以往人们只有在有雕塑或者绘画等展出的时候才来参观博物馆的习惯。同时，娱乐休闲设施的完善也推动了博物馆由传统功能向综合性功能转变。

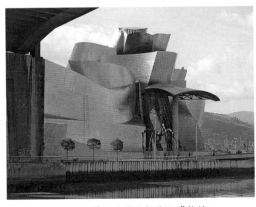

图1-65　毕尔巴鄂古根海姆博物馆1

图1-66　毕尔巴鄂古根海姆博物馆2

图 1-67　毕尔巴鄂古根海姆博物馆展厅　　　　图 1-68　泰特现代美术馆

三、高新技术下博物馆展陈方式的革新

　　博物馆建筑的多元性以及计算机与电子技术在博物馆中的广泛应用，推进着博物馆空间的展陈方式发生变革。从最初的用传统手段（图文展板、展柜等）展示有体物发展到利用高新科技（声音、影像、交互设计等）展示无体物的阶段。网络技术、多媒体技术及虚拟技术的广泛应用，使展陈空间信息量增大、互动性增强。参观者由单一的视觉感受发展到视觉、听觉、触觉的综合感受，形成崭新的、能使参观者产生综合审美体验和情感共鸣的博物馆展陈空间形式。

　　位于大炮台山的澳门博物馆，其展陈形式就在很大程度上运用了多媒体技术和互动技术。很多展品的展示都辅以场景及多种语言。比如结合澳门街头艺人生活状况的场景式陈列，就配以按钮来收听小商贩当时的叫卖声，使场景还原更显真实（图 1-69）。还有对于澳门发展历程的展示是通过地图与光、电的结合，随着不断亮起的红灯来引导参观者了解澳门的发展历史。

图 1-69　澳门博物馆场景陈列

本章小结

当今的博物馆，既有作为艺术品"教堂"的职责，也兼具艺术机构的功能，将二者有机结合辅以运行良好的供需机制，是博物馆快速繁荣起来的原因。如今，艺术收藏愈发繁荣，当收藏品达到一定数量时，就需要一个储藏空间使其长期保存下去，博物馆便承担起这个功能。博物馆应该跨越艺术和收藏之间的障碍，使二者有机结合，由此，博物馆建筑需要不断寻求解决这一问题的途径，不断向前发展。

思考与练习

1. 博物馆的定义和主要职能是什么？

2. 概述中西方博物馆发展历程。

3. 不同类型博物馆的展陈空间有哪些主要特征？

知识链接

博物馆常用术语〔引自《博物馆建筑设计规范》（JGJ 66—1991）〕

1. 博物馆建筑：供收集、保管、研究和陈列、展览有关自然、历史、文化、艺术、科学、技术方面的实物或标本之用的公共建筑。

2. 馆区：对基地内各类建筑物及道路、广场、绿地等占用的整个区域的总称。

3. 藏品库区：对藏品库房及为保管藏品而专设的房间、通道、场地等占用的空间的总称。由藏品库房、缓冲间、藏品暂存库房、鉴赏室、保管装具贮藏室、管理办公室等部分组成。

4. 藏品库房：存放各类文物和标本的专设房间。

5. 暂存库房：暂时存放尚未清理、消毒的各类文物和标本的专设房间。

6. 珍品库房：存放各类具有较高历史、艺术、科学价值的一级藏品及保密性藏品、经济价值贵重藏品的专设藏品库房。

7. 藏品库房总门：藏品库房及其室外通道、场地等所在区域的大门，位于藏品库区之内。

8. 缓冲间：在藏品库区或藏品库房的入口处专设的过渡房间，主要用以防止藏品在短时间内经受较剧烈的温、湿度变化，面积不应小于 $6m^2$。

9. 装具：陈列和保管中使用的橱柜、台座、屏风、支架、板面、箱盒、镜框、瓶罐等器具。

10. 熏蒸室：用化学药品气化的方法对文物和标本进行杀虫灭菌工作的专设房间。

11. 陈列区：对陈列室及为参观、教育、休息而专设的房间、通道、场地等占用的空间的总称。

12. 陈列室：陈列、展览各类文物和标本的专设房间。

13. 技术用房：对藏品和展品进行科学研究、技术处理的专设房间。包括鉴定编目室、摄影室、熏蒸室、实验室、修复室、文物复制室、标本制作室、研究阅览室等部分组成。

第二章　对博物馆展陈空间的认识及营造

教学目标

深入认识博物馆展陈空间及其设计原则，掌握灯光设计方法，了解博物馆空间无障碍设计的原则。

教学重点

博物馆展陈空间设计方法。

教学难点

博物馆展陈空间设计原则。

建议学时

24 学时。

世界各地的博物馆不尽相同，不同文化区域的人们对于艺术的理解有不同的看法。由此，博物馆作为容纳和展示这些艺术品的场馆，其设计风格也根据其所属的文化区域或文化范围而有所不同。随着社会的不断发展，人们对艺术的观念也在不断发生转变，越来越多的设计师开始探索新的博物馆设计风格。尤其对于博物馆最重要的区域——展陈空间的探索显得更为突出。博物馆展陈空间是在空间形式、灯光、材料、展示方式等多重元素的共同作用下呈现出来的，用以满足观展人群的需要，进行知识与文化的交流与传播。展陈空间是展品与参观者沟通的媒介，展陈空间的设计与营造是博物馆设计的重中之重（图 2-1）。

图 2-1　武汉博物馆展陈空间

第一节　认识博物馆展陈空间

博物馆展陈就是将要展示的内容在特定的展示环境中通过一定的手段和方式进行展示陈列。展陈工作的开展要依托于展陈空间的设计，展陈空间是参观者与展品沟通的媒介，是博物馆设计的主体，博物馆设计主要指的就是展陈空间的设计。展陈空间要通过空间序列、空间形态的设计，结合灯光、材料、展具、展示方式等进行环境氛围的营造，与博物馆主题和展示主题相契合，同时还要考虑到参观者的心理感受、观展习惯等（图 2-2）。

随着社会的进步和高新技术的迅猛发展，博物馆空间单纯的物品陈列展示已不能满足参观者的需求，以人为本的情感体验和参与感是观众的新的价值取向，教育性、娱乐性、参与性共同成为博物馆陈列设计追求的目标。由此，博物馆展陈空间设计逐步打破了原有的以图文形式为主的陈列展示形式，开始越来越多地注重参观者的生活经历和感受，注重展品与观众的沟通与互动。博物馆展陈空间是博物馆设计的重点，现代博物馆的展陈空间从注重展品本身发展到越来越注重文化内涵的表达和空间意境的创造，注重人与空间和展品的融合，甚至扩展到博物馆建筑外部环境的整体设计。博物馆展陈空间设计的目的是要营造一个与博物馆主题相契合的空间、为展品创造一个最适宜的陈列环境、为参观者提供流畅的参观路线及舒适的观展氛围，达到内容与形式的完全统一（图 2-3）。

图 2-2　博物馆展陈空间　　　　　　　　　　　图 2-3　博物馆展厅

《博物馆建筑设计规范》（JGJ 66—1991）中指出：博物馆应由藏品库区、陈列区、技术及办公用房、观众服务设施等部分组成，观众服务设施应包括售票处、存物处、纪念品出售处、食品小卖部、休息处、厕所等，其中陈列区是博物馆设计的主要部分。《建筑设计资料集》指出：陈列展览区包括基本陈列室、专题陈列室、临时展厅、陈列设备储藏室、观众休息处、报告厅、接待室、管理办公室、厕所等部分。总体上，博物馆分为对外开放和对内工作两部分。博物馆的整体陈列要以此为基准进行全面设计，博物馆展陈空间设计所涉及的内容包括：博物馆的空间布局和空间序列、参观流线、陈列区设计、照明设计、展具运用、陈列展示方式和辅助空间设计等，同时还包括新技术的使用和空间氛围的营造。博物馆陈列类型主要分为基本陈列和临时陈列和专题陈列三种类型。博物馆基本陈列主要展示博物馆主要的藏品和最有特色的藏品，多与博物馆的性质相呼应，有独具特色的陈列体系，一般是永久性的，藏品及展出形式比较固定且常年对外开放，如武汉博物馆的三层展厅，每一层都有常设展厅进行基本陈列，展示了武汉的历史脉络及珍贵文物（图 2-4、图 2-5）；临时陈列则是根据展览主题的不同不断更换的陈列，这种陈列类型一般时间性较强、经常更换（一般不会超过 3 个月），在武汉博物馆中也有专门用于临时陈列的展厅，可根据实际需要举办不同的展览，满足不同人群的需要；专题陈列是指将某一主题进行长期陈列，展览主题性强且比较固定，如吉林省博物馆的《吉林陨石雨展览》（图2-6）。总体上说，博物馆展陈空间设计，就是要根据不同的展览类型创造最合适的展出和观展空间。

图2-4 | 图2-5
　　　 | 图2-6

图2-4　武汉博物馆常设展览1
图2-5　武汉博物馆常设展览2
图2-6　吉林陨石雨展览

一、博物馆陈列空间基本布局形式

博物馆陈列空间包括门厅、进厅、陈列厅、辅助空间等。其中陈列厅是空间的主体，位于交通最便捷的位置。博物馆陈列空间的布局形式主要受到观展人流的影响，主要分为以下几种类型：

（一）串联式

串联式是指各陈列室或展厅直接相连，前后贯通，类似于串联电路，参观者观展时可以由一个展厅直接进入到另一个展厅。这是一种比较传统的布局形式（图2-7、图2-8）。这种布局形式的优点是参观路线流畅连贯不重复，具有较强的引导性，观展活动一气呵成，参观者不易迷失方向；其局限性是人流容易拥堵，观展的灵活性较差，且容易出现人流迂回的情况，由于观展路线较长，还容易使人产生倦怠感。串联式多适用于面积较小的博物馆或者展出连续感、时间性较强的展览。如全国农展馆1号馆平面（图2-9）是典型的串联式，各展厅相互连通，观众从门厅开始按顺时针方向可依次从一个展厅进入另一个展厅，直至参观结束后再回到门厅，整个参观过程一气呵成。串联式还有一种形式是在纵向空间上的串联，如美国建筑师赖特先生设计的纽约古根海姆博物馆，整个美术馆的环形坡道与艺术

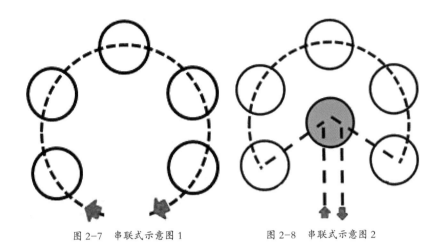

图 2-7 串联式示意图 1   图 2-8 串联式示意图 2

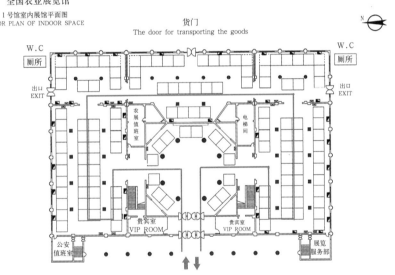

图 2-9 全国农展馆 1 号馆平面

品展示相结合，将展品悬挂在坡道的一侧，参观者先乘电梯到达最顶层再顺坡道而下，在行走中完成了对艺术品的欣赏，整个观展过程轻松流畅（图 2-10~图 2-12）。2010 年上海世博会的丹麦国家馆也是串联式的形式，其独特之处是场馆超越了传统的展览形式，由室内和室外两条环形轨道构成，室外轨道主要用于连接展馆和展览区的高架露台，包括一条丹麦式自行车道、一个带有自然景观游乐场的屋顶花园和自行车停车区。室内轨道则通往展览区底层，并包括展厅、会议室和工作区。步行道和自行车道双螺旋连接室内和室外部分，游客可从地面沿着曲状通道直达顶楼继而再回到地面。虽是双螺旋，但依然是典型的串联式（图 2-13~图 2-16）。

（二）放射式

放射式是比较常见的博物馆陈列区布局形式。这种形式的核心在于陈列室和展厅都围绕

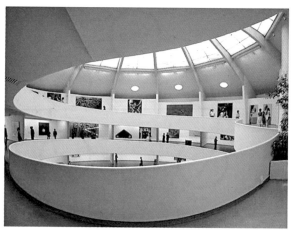

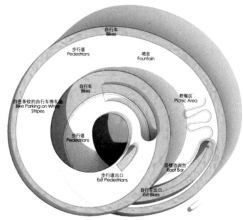

图 2-10	图 2-11
图 2-12	图 2-13
图 2-14	
图 2-15	图 2-16

图 2-10　纽约古根海姆博物馆内部 1
图 2-11　纽约古根海姆博物馆内部 2
图 2-12　纽约古根海姆博物馆
图 2-13　上海世博会丹麦国家馆 1
图 2-14　上海世博会丹麦国家馆 2
图 2-15　上海世博会丹麦国家馆 3
图 2-16　上海世博会丹麦国家馆 4

一个中心枢纽空间设置（图2-17、图2-18）。参观者参观完一个展厅之后，可以回到中心枢纽，再进入到下一个展厅。这个中心枢纽一般是门厅或主展厅，有的时候也可以是主通道或庭院。中心枢纽可以把各主要使用空间连接成一体，同时还可以起到人流集散的作用，此外，围绕这个中心枢纽的各个展厅既可以单独开放或关闭，也可以相互串联，使空间形式更加灵活丰富。这种布局形式既紧凑又相对灵活，参观者可自行决定观展路线，不足之处是各展厅之间的连续性相对减弱，容易造成人流的交叉和对观展路线选择的不确定。比如迈耶设计的盖蒂中心博物馆就是采用放射式的布局形式，其核心空间是一个内庭院，陈列室与其他使用空间分成若干个小团组，用外廊、平台、内廊等相连簇集在庭院的周围（图2-19~图2-21）。陕西历

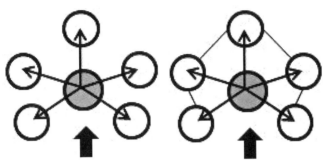

图2-17 放射式示意图1　　　图2-18 放射式示意图2

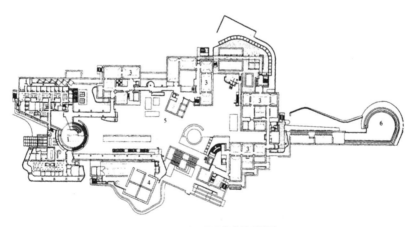

盖蒂中心博物馆上层平面图
1. 入口大厅上空；2. 书店；3. 陈列室团组；4. 咖啡；5. 内院；6. 观景平台

图2-19 盖蒂中心博物馆平面

图2-20 盖蒂中心博物馆1

图2-21 盖蒂中心博物馆2

史博物馆各主要功能区域也是围绕内庭院布局，将各个展厅串联在一起（图2-22、图2-23）。中国电影博物馆的首层平面也是采用这种放射式的布局形式，多种功能空间都紧密围绕中央大厅布置，布局形式紧凑合理。放射性布局的中心枢纽空间还有一个重要作用，可以作为一个公众交流、集会或进行展馆核心展示的公共场所。如中国国家博物馆中央大厅（图2-24）；贝聿铭设计的美国国家美术馆东馆的三角形中央大厅，也经常作为公众聚集的场所进行公众或娱乐活动。

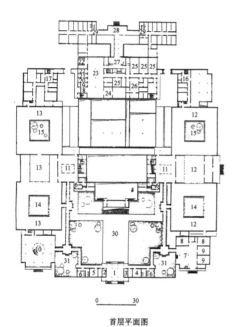

首层平面图

1. 大门；2. 售票；3. 小件寄存；4. 接待室；5. 保卫值班；6. 厕所；7. 接待楼门厅；8. 贵宾接待；9. 教室；10. 商店；11. 休息厅；12. 临时陈列；13. 专题陈列；14. 水庭；15. 石庭；16. 图书资料楼；17. 行政办公楼；18. 文物入口；19. 登录；20. 清洗；21. 干燥；22. 熏蒸；23. 晾晒；24. 暂存库；25. 文物修整；26. 照相；27. 业务办公楼门厅；28. 北门；29. 文物保护实验楼；30. 主庭院；31. 副庭院

图 2-22 陕西历史博物馆首层平面

图 2-23 陕西历史博物馆

图 2-24 中国国家博物馆中央大厅

（三）大厅式

大厅式，顾名思义，整个展出空间是一个大型展厅，其内部可根据展出内容和展示形式等分为多个小展示区（图2-25）。这种布局形式最具灵活性，展览内容可以是连续或不连续的，内部空间可自由组织，发挥空间较大。缺点是容易造成参观路线的拥挤和无序，同时还存在一定的噪声问题。大厅式多见于艺术类博物馆或艺术中心。这种形式最成功的例子是巴黎蓬皮杜艺术文化中心（图2-26）。该建筑总面积近7500m²，共6层，

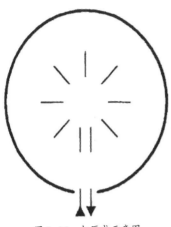

图 2-25　大厅式示意图

图 2-26　巴黎蓬皮杜艺术文化中心

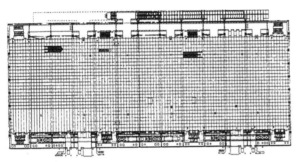

图 2-27　巴黎蓬皮杜艺术文化中心平面

图 2-28　巴黎蓬皮杜艺术文化中心展厅

每层挑高高达 7m。建筑的钢骨结构和各种管线外露，内部没有一根柱子，各层的隔墙和门窗都不承重，可以任意改变，这更加大了其空间的自由性。内部展示空间可以通过隔断、栏杆、屏幕或家具等隔开，根据不同的展览任意改变布局，空间运用灵活方便（图 2-27、图 2-28）。

（四）混合式

很多博物馆陈列区的布局形式不是单独出现的，而是以上几种形式的混合体。混合式多见于大型博物馆，就是根据博物馆的特点将上述几种布局形式有效结合，空间形态更加丰富，观展流线也更加自由和多样化。斯德哥尔摩现代美术馆的平面就是混合式，该场馆是大厅式和串联式的综合体（图 2-29）。贝聿铭设计的苏州博物馆新馆（图 2-30~ 图 2-32）在布局上也是采用混合式。新馆整体上分为中、东、西三大部分，中部为中央大堂和主庭院，其作为中轴线起到中心枢纽的作用，东、西部的展厅、接待区和图书馆等均围绕中央枢纽布置，形成典型的放射式布局。具体到博物馆西部则又是采用串联式将多个展厅串联在一起，丰富了空间布局。

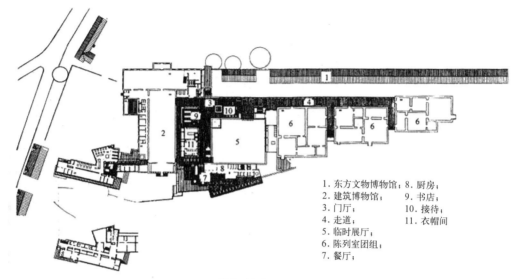

1. 东方文物博物馆；8. 厨房；
2. 建筑博物馆；　　9. 书店；
3. 门厅；　　　　　10. 接待；
4. 走道；　　　　　11. 衣帽间
5. 临时展厅；
6. 陈列室团组；
7. 餐厅；

斯德哥尔摩现代美术馆平面图

	图 2-29	
图 2-30	图 2-31	
	图 2-32	

图 2-29　斯德哥尔摩现代美术馆平面
图 2-30　苏州博物馆新馆平面图
图 2-31　苏州博物馆新馆 1
图 2-32　苏州博物馆新馆 2

二、博物馆陈列室类型及其布置形式

（一）博物馆陈列室类型

博物馆陈列室类型分通道式、口袋式和混合式三种，这与参观者的参观流线相呼应。

通道式是最简单的陈列室类型。即陈列区以串联的形式布局，只有一条主通道，一般出入口分开设置在对面的墙面上，多见于串联式的布局形式。

口袋式是最常见的陈列室类型。即陈列室平面只有一个出入口，一般参观者沿顺时针路线进行参观，这种陈列室适合顺序性或时间性较强的展览。

混合式主要是指陈列室的出入口设计较为灵活，出入口可以一个，也可以多个，出入口的位置也比较灵活，可在一边设置多个出入口。这种形式多见于面积较大的陈列室，在这种陈列室中，展品的陈列布局及观众参观路线都可以更加灵活。

三种陈列室类型的主要区别如下所示（图2-33、表2-1）。

图 2-33　三种陈列室类型的主要区别

三种陈列室类型的参观路线　　　　　表 2-1

类型	口袋式	通道式	混合式
参观路线			

（二）博物馆陈列室布置形式

由于不同陈列室的空间大小、展品类型及功能设定不同，其陈列布置形式也不尽相同。主要有周边式陈列、独立式陈列和混合式陈列三种形式（图2-34）。

1. 周边式陈列

周边式陈列是指展品及展具围绕陈列室墙面进行陈列展示，分为单线陈列和双线陈列两种形式。这种陈列的特点是展品布局清晰，观展路线明确，多适用于顺序性强的展览，不足之处是展示方式略显单调（图2-35~图2-37）。

2. 独立式陈列

独立式陈列是指展品或展具单独放在陈列室或展厅中进行展示，这种形式随机性较强，灵活多变。可适用于多种类型的展览，观展路线自由（图2-38~图2-40）。

3. 混合式陈列

混合式陈列是将以上两种形式相结合的陈列方式，兼顾了以上两种形式的优点（图2-41~图2-43）。

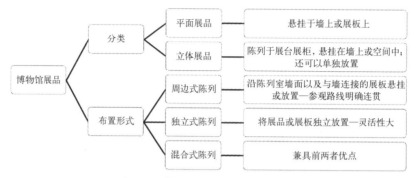

图 2-34　博物馆展品的分类及布置形式

图 2-35　周边式陈列 1

图 2-36　周边式陈列 2

图 2-37　周边式陈列 3

图 2-38　独立式陈列 1

图 2-39　独立式陈列 2

图 2-40　独立式陈列 3

图 2-41 | 图 2-42
图 2-43

图 2-41　混合式陈列 1
图 2-42　混合式陈列 2
图 2-43　混合式陈列 3

三、博物馆展陈空间的分类

博物馆展陈空间按照其功能性可分为以下几类。

（一）核心空间

博物馆的核心空间一般指前厅或进厅，是参观流线的初始部分。它兼具着多重作用：第一，可作为博物馆的一个交通枢纽，在水平或垂直方向上组织人流。大部分参观者进入博物馆后，可在此进行人流的集散，将参观者引导到各个展厅中；第二，核心空间有时还具有公共空间的作用，可在此举办与展览有关的演讲、集会或者大型活动等；第三，核心空间可以集中表达整个博物馆的文化和精神内涵，具有一定的陈列展示功能（图 2-44、图 2-45）。

（二）陈列空间

陈列空间是博物馆展陈空间的主体，是博物馆功能的主要承载区。博物馆的职能主要是通过在展陈空间举办展览来实现的。博物馆的陈列空间就是陈列室和展厅。陈列空间的主要作用就是作为展品的背景空间，烘托展品。陈列空间的设计要以展览类型为基准，空间环境和氛围的营造要适合展品，突出展品（图 2-46、图 2-47）。博物馆展厅一般分为常设展厅和临时展厅。常设展厅用于陈列场馆中的永久性藏品的展出，其空间形式多根据展览的性质和展品内容而定，选择最适合突出和表现展品的空间形式（图 2-48、图 2-49）。临时展厅一般空间布局比较灵活，空间内部可自由组织和构建，适用于不同类型的展览（图 2-50、图 2-51）。

图 2-44　博物馆核心空间

图 2-45　浙江美术馆大厅

图 2-46　美国国家美术馆西馆陈列空间

图 2-47　博物馆陈列空间

图 2-48　博物馆常设展厅 1

图 2-49　博物馆常设展厅 2

图 2-50　博物馆临时展厅 1

图 2-51　博物馆临时展厅 2

陈列空间的设计形式多样，可结合材料及灯光的运用营造出不同的陈列氛围，但是要注意空间效果不要过于强烈、喧宾夺主，影响展出的效果（图 2-52）。

（三）交通空间

博物馆的交通空间包括楼梯、电梯、走道、坡道等，在博物馆中主要起到人流集散、引导参观者的作用。（图 2-53~ 图 2-55）。目前，很多博物馆的交通空间除了发挥其本身的功能之外，也融入了陈列展示的作用。比如有些楼梯通过加宽、变形或与核心空间及展品结合，使艺术性和功能性都大大增强，在空间氛围的营造和展品的展示方面都起到一定的辅助作用。如天津自然博物馆交通空间与展品展示相结合（图 2-56）、A2 国际艺术空间阳朔美术馆交通空间（图 2-57）。

（四）服务空间

在博物馆中，还有一些具备辅助功能的服务、休息及娱乐空间，为展览及参观者服务。这些空间在整个博物馆中属于中性空间。如售票区、咨询处（图 2-58、图 2-59）、存包处（图 2-60）、销售区（图 2-61、图 2-62）、休息区（图 2-63、图 2-64）、咖啡座（图 2-65）等。售票区可在场馆外部，也可在场馆入口处；咨询处、存包处和销售区一般设在场馆入口位置，

图 2-52　上海陶瓷科技艺术馆

图 2-53　天津美术馆交通空间

图 2-54　苏州博物馆新馆交通空间

图 2-55　德国柏林犹太人博物馆交通空间

图 2-56 天津自然博物馆交通空间   图 2-57 A2 国际艺术空间阳朔美术馆交通空间

图 2-58 咨询处   图 2-59 首都博物馆问讯处

图 2-60 寄存处   图 2-61 销售区 1

图 2-62　销售区 2

图 2-63　休息座椅

图 2-64　休息区

图 2-65　咖啡座

多集中在门厅，可分别单独设置，也可统一为一体，其中销售区还可分层设置，销售区的设计风格也多具特色，通常与展览及场馆的性质相统一；休息区的设置要考虑到整个参观流线的长短及人的观展心理，选择最适宜的数量和位置，及时缓解参观者在观展过程中产生的疲劳和倦怠感。另外，休息区和咖啡区的设计还可考虑与光照、绿化等结合，营造轻松、惬意的休息环境（图 2-66）。国博咖啡馆的设计就是结合了大量绿色植被和雕塑，营造出一处幽静、闲适的休息区域（图 2-65）。美国亚特兰大可口可乐博物馆服务空间休息区的色调与装饰风格完全呼应了场馆的特点，将休闲与展示融为一体，整个氛围轻松有趣。目前，博物馆越来越注重服务空间的设计，越来越人性化，开始更多地强调功能性与艺术性的结合。很多博物馆服务空间成为整个场馆的亮点，提升了博物馆的整体品质，博物馆也因此成为集学习、休闲和娱乐于一体的新型文化消费场所，吸引了越来越多的参观者。

　　博物馆服务空间的设计一方面要与整个场馆的主题和设计风格协调统一，位置布局合理，所占空间比重适宜，不可喧宾夺主；另一方面又要突出其特有职能，最大限度地发挥其功能性，为参观者提供全面便捷的服务，从而提升整个博物馆空间的品质。同时，如卫生间、坡道、休息场所等要考虑到残障人士的需要，进行无障碍设计。总之，完善的配套设施和服务空间是衡量现代博物馆的一项重要标准，是博物馆展陈空间设计要考虑的一项重要内容。

图 2-66　浙江美术馆咖啡区

四、博物馆展陈空间的功能及流线分析

博物馆展陈空间交通流线对于空间整体的组织和人流的引导起着重要的作用。空间流线是在对博物馆展陈空间各部分功能分区合理分析的基础上得来的。要设计合理的观展流线，首先要对空间功能有明确的了解。空间功能分区及流线分析一方面能够对观展活动起到一定的辅助作用，便于参观者查询和定位；另一方面也有利于博物馆开展展览、藏品工作及行政管理工作，为构建合理的空间形式打下基础。

博物馆展陈空间的流线主要依据各部分的功能性质分为对内和对外两大部分。对内主要指博物馆的内部入口、藏品区、办公区域及各类研究室等，对外主要指博物馆的门厅、进厅、各展厅及观众服务设施。具体可分为一般观众流线、专业人员流线（工作人员流线）、藏品流线和经营管理流线。1994 年出版的《建筑设计资料集（第二版）》中的博物馆流线汇总表（表 2-2）总结了博物馆各功能空间及其流线关系。由中国建筑工业出版社 2002 年出版的《博物馆建筑设计》一书中也对博物馆功能及其流线进行了详细分析（图 2-67），这些都可以成为流

博物馆流线汇总　　　　　　　表 2-2

各种功能	1 参观	2 讲座	3 阅览	4 收集	5 保存	6 记录	7 研究	8 修复	9 业务	10 消毒	11 休息	12 等候	13 谈话	14 用餐	15 接待	16 办公	17 会议	18 向导	19 销售	20 寄放	21 监视	22 卸货	23 警卫	24 值班	25 卫生	26 更衣	27 作业	28 机械
一般观众	○										○	○		○				○	○	○	○				○			
专业观众	○	○									○			○	○										○			
研究人员	○		○	○	○	○	○							○		○								○	○			
技术人员				○	○	○	○	○	○	○				○		○								○	○		○	
馆长	○													○	○	○	○							○	○			
职员														○		○	○							○	○			
服务员														○					○	○					○			
来访者															○		○							○				
活动空间	陈列室	报告厅 教室	图书室	资料室 胶片库 研究室 办公室	库房 暗室	记录室 办公室 摄像室 电脑室	研究室	修复室 工作间 金工间	办公室 库房	消毒室 门厅	休息厅 休息厅 门厅	休息厅		小卖部 餐厅	接待室	办公室	会议室	预约处 问讯台	销售部 开架库	寄存处 库房	陈列室	暂存库	警卫室	值班室	盥洗室 医务室	更衣室	作业间	机房 监视室

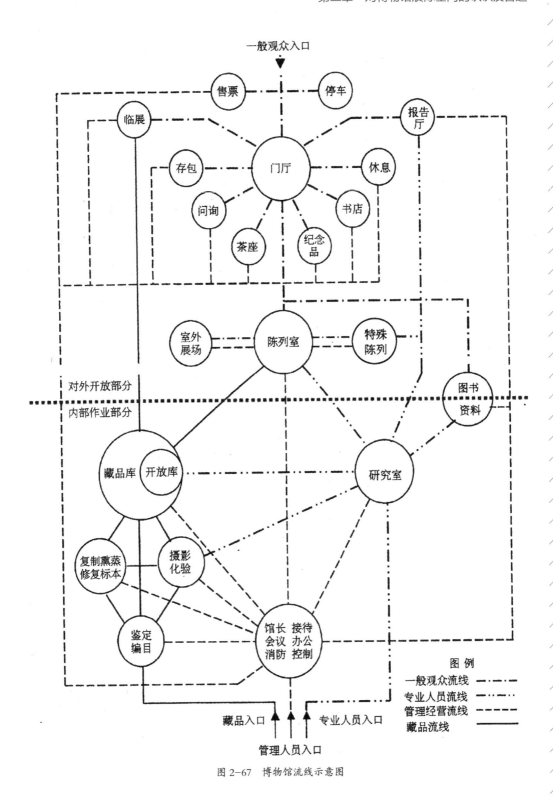

图 2-67　博物馆流线示意图

线分析的重要参考标准。（图 2-68~ 图 2-71）为学生作业，是学生对北京自然博物馆平面功能及其流线进行的简要分析。

图 2-68 北京自然博物馆负一层平面分析

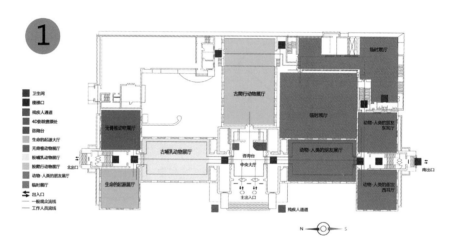

图 2-69 北京自然博物馆一层平面分析

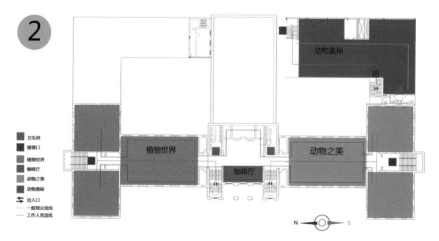

图 2-70 北京自然博物馆二层平面分析

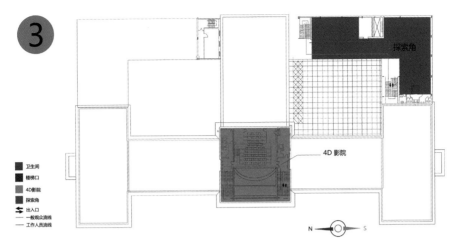

图 2-71 北京自然博物馆三层平面分析

附：博物馆陈列室设计相关规范

《博物馆建筑设计规范》（JGJ 66—1991）中对于陈列室部分的设计要求如下。

1. 博物馆陈列区应由陈列室、美术制作室、陈列装具贮藏室、进厅、观众休息处、报告厅、接待室、管理办公室、警卫值班室、厕所等部分组成。陈列室应布置在陈列区内通行便捷的部分，并远离工程机房。陈列室之间的空间组织应保证陈列的系统性、顺序性、灵活性和参观的可选择性。

2. 陈列室的面积、分间应符合灵活布置展品的要求，每一陈列主题的展线长度不宜大于300m。陈列室单跨时的跨度不宜小于8m，多跨时的柱距不宜小于7m。室内应考虑在布置陈列装具时有灵活组合和调整互换的可能性。陈列室的室内净高除工艺、空间、视距等有特殊要求外，应为 3.5～5m。

3. 除特殊要求采用全部人工照明外，普通陈列室应根据展品的特征和陈列设计的要求确定天然采光与人工照明的合理分布和组合。陈列室应防止直接眩光和反射眩光，并防止阳光直射展品。展品面的照度通常应高于室内一般照度，并根据展品特征，确定光线投射角。

4. 当陈列室面积较大时，室内宜有相应的吸声处理。

5. 陈列室的地面应采用耐磨、防滑、易清洁的材料。有条件时可选用有利于减轻观众步行噪声的铺地材料。

6. 大、中型馆内陈列室的每层楼面应配置男女厕所各一间，若该层的陈列室面积之和超过1000m^2，则应再适当增加厕所的数量。男女厕所内至少应各设 2 只大便器，并配有污水池。

7. 大、中型馆宜设置报告厅，位置应与陈列室较为接近，并便于独立对外开放。报告厅宜按 1～2m^2/座设计，室内应设置电化教育设施。当规模大于或等于 300 座时，室内应作吸声处理。有条件时可设置空气调节。

8. 大、中型馆宜设置教室和接待室，分间面积宜为 50m^2。小型馆的接待室兼作教学使用时，应设置电化教育设施。

第二节　博物馆展陈空间的设计原则

一、空间布局的合理性

在博物馆建筑中，展陈空间所占比重最大，同时也是观展活动的主体，体现着博物馆场馆的主要空间形态、主题特色和展品内容。博物馆展陈空间包括门厅、进厅、陈列区、交通和服务空间，其中陈列区是主体。陈列区往往包含多个陈列室，其空间组合比较灵活。由于博物馆的性质和陈列主题不同，就需要有与之相适应的设计形式和设计手法。博物馆展陈空间的空间布局要具有较强的合理性，才能将其空间作用很好地发挥出来。博物馆展陈空间的布局规划是依据脚本而设定的，平面的功能分区、空间序列、观展流线安排、参观者的心理和生理要求都是考察空间布局是否合理的重要因素。

二、空间序列的完整性

参观者的观展效果主要受展陈空间序列的影响。空间序列是否完整，是否富于变化，是否张弛有序都是重要的考察点。所谓空间序列，是指空间的先后顺序，是设计师按建筑功能给予合理组织的空间组合。各个空间之间有着顺序、流线和方向的联系。博物馆参观路线要避免迂回，要有一定的节奏感，对参观者起到一定的引导作用。同时要注意参观者的观展心理和疲劳问题，避免参观路线过长，要适时插入休息空间。空间序列要有起、承、转、合，要有一定的完整性，同时还要有一定的节奏和层次，不能千篇一律。

一般而言，一个完整空间序列的构思及处理手法都是根据空间的使用性质决定的，通常包括开始、过渡、高潮、结束四大部分。开始阶段是设计序列的开端，博物馆空间中的开始部分主要指的是门厅和进厅，这一部分营造空间氛围，是设计的重点，好的空间氛围可以第一时间吸引参观者的注意；过渡阶段是设计序列的过渡部分，博物馆空间的过渡部分主要指走道、门廊、坡道、过厅等交通空间，这一部分的作用是引导和酝酿，培养参观者的感情，将参观者引向下一阶段；高潮阶段是设计序列的主体和重点，是整个空间序列的精华所在，博物馆空间的高潮部分主要指的是其陈列空间，展览的主体在此体现，参观者的情绪也在这一阶段达到高潮；结束阶段是设计序列的结尾，在此处空间功能回归平静，博物馆空间的结束阶段一般是次厅或主门厅，这一部分的作用是收束、引导参观者退场，结束参观活动。

任何一个完整的展陈空间序列都是由以上几部分构成，同时结合材料、照明、陈列等营造各部分的空间氛围。完整的空间序列具有很强的导向性，可以有意识地将参观者引向展览主题，同时空间序列各部分又可以自然形成一个整体，彼此相互联系、前后呼应。

三、空间展示的气氛营造

博物馆展陈空间的气氛营造是对展出内容和博物馆主题的烘托，主要指其艺术性和创新性设计，是参观者对展示空间的精神需求。展陈空间气氛营造的手段有很多种，常见的有场景再现，多媒体设备，声、光、电的综合运用等手段，比如还原真实场景的全景画展示。全景画是大型环状室内壁画的一种，是以不同的时空和情节组成的画面，同时结合与主题相关的模型陈列，再加上灯光、音响、旁白、仿真道具的辅助，多角度展示同一主题，给参观者带来身临其境的真实感受。空间氛围的营造还可以结合灯光设计，通过光线的变化营造浓烈、安静或若隐若现的空间效果。另外，装饰材料的选择和恰当处理、特殊展具的设计、音频系统的加入等也可以作为营造空间氛围的手法（图2-72、图2-73）。

展陈空间气氛营造的另一种常见手法是主题雕塑的展示。这种手法一般多见于历史类博物馆或纪念类博物馆。雕塑的主题是重要历史事件或著名人物，雕塑整体一般视觉冲击力较强且位于空间的重要位置，为空间营造一种庄重、励志的空间氛围（图2-74）。

空间展示氛围营造的手法多种多样，一般根据展览的主题和空间环境而定，空间氛围要注意不可渲染过渡、喧宾夺主，氛围的营造要时刻以突出展品和展览主题为前提。

图 2-72	图 2-73
图 2-74	

图 2-72 上海电影博物馆展陈空间
图 2-73 意大利 Trento 科学博物馆展陈空间
图 2-74 主题雕塑营造空间气氛

第三节　不得不关注的照明设计

博物馆展陈空间照明设计，是衡量博物馆空间设计水平的一项重要标准。博物馆展陈空间对于光的使用特性要求非常严格，总体上包括空间基本照明和展示照明两大部分。即首先要保证空间的基本照度，满足参观者正常通行的基本照明条件；同时还要忠实反映展品的颜色、材质、特性等，准确传达展品信息，营造展陈空间氛围，通过照明的作用使参观者对展品获得最完美的视觉感受；此外，还要注意避免展品受到光照损伤，保护展品，给参观者营造良好的视觉环境。

一、博物馆照明来源

博物馆展陈空间的光源来源主要是自然采光与人工照明两种形式。具体来说，要根据展品的特性、展陈空间的大小以及展览的类型等决定，通过对不同照明方式的选择来达到突出展品的效果。博物馆常见的照明方式有三种：第一种是自然采光为主，人工照明为辅，如潘天寿纪念馆的采光就是以自然光为主要光源，辅以人工照明，同时利用计算机自动调解天窗的机械机构来控制自然光，从而改变照明水平，得到良好的照明效果，营造舒适的展示环境；第二种是自然采光和人工照明相结合；第三种是人工照明为主。目前，最理想的照明方式是充分利用自然光，并辅以人工照明为补充，这种方式可以兼顾自然光和人工照明的优点，更易得到理想的照明效果。

（一）自然采光

所谓自然采光，就是指光来源于太阳。在 20 世纪 80 年代之前，我国绝大部分博物馆都采用的是自然采光的照明形式。如今，随着社会经济和科学技术的不断发展，人们对自然采光的认识越来越全面。自然采光的优势是光线比较柔和，物体显色比较准确，在自然光的照射下，可以看到展品最自然、最真实的原貌，展品的感染力会增强，光环境健康舒适、更加环保，同时也最为经济（图 2-75、图 2-76）。自然采光的不足之处，一方面是光线随着太阳东起西落不够稳定，很难做到重点照明；另一方面是自然光中含有紫外线，紫外线易对展品产生破坏作用。对于某些敏感度较高的展品来说要慎用，比如书画、壁画、纺织品等。运用自然光要尽量做到光的照度可调可控，使展陈空间的光线稳定、安全。同时，自然采光口的位置和大小与博物馆建筑的外形紧密相连，具体到陈列室中，采光口的位置有以下几种形式：

1. 侧窗采光

侧窗采光是指在陈列室侧面墙体做采光口，这种形式光线利用比较充分，但是由于光线的方向性受到限定，会造成室内照度分布不均，同时，垂直面上的眩光也不易消除；另一方面，由于开窗会占用墙面空间，比较适合于悬挂类展品较少的陈列室或进深较浅的小型陈列室（图2-77）。

2. 高侧窗采光

高侧窗是指将侧面窗户提高到距地面 2.5m 以上的位置。这种形式可以很好地解决眩光问题，同时节省展示空间，但是这种形式要求建筑层高不能过低。

3. 顶棚采光

顶棚采光是指在陈列室顶棚设置天窗，这种形式的优点是照度比较均匀，采光效率较高，但是随着时间的变换，对室内光照效果影响较大，光照不稳定；同时光线也会受到天窗复杂结构的影响。顶棚采光分为顶棚整体采光和顶棚局部采光两种形式，可结合实际情况进行运用（图2-78、图2-79）。

4. 混合采光

自然采光一般不以一种形式出现，而是多种形式共同作用，以达到合理的、完美的采光效果（图2-80）。

（二）人工照明

人工照明的光源来源于各种灯具，相比自然采光而言，人工照明更易控制，可以根据设计对照度和投光布局方式进行调节和控制，缓解和改善光辐射对展品的损害，使整体光环境达到预期目标；同时，与自然采光相比，人工照明更易重点照明，可以更好地营造氛围和突

图2-75　墨西哥城雀巢博物馆的自然采光

图2-76　浙江美术馆通光长廊

图2-77　天津图书馆侧窗采光

图2-78　顶棚采光

图 2-79　浙江美术馆大厅顶棚采光

图 2-80　混合采光

出展品（图 2-81、图 2-82）。但是人工照明也有一定的局限性，其对展品自然特点的还原性与自然采光有一定差距。因此，《博物馆建筑设计规范》（JGJ 66—1991）中指出，除特殊要求外，博物馆陈列室的自然采光和人工照明应根据展品特性和陈列要求合理布局。

人工照明最重要的是光源和灯具的选择。在博物馆中，为了达到较好的光照效果，避免眩光和紫外线，一般会选择荧光灯和白炽灯两种光源。前者亮度较低，红外线辐射较少（红外线会造成展品温度升高，性质发生改变）；后者光照效果比较生动，两者紫外线含量都较少。此外，LED 光源在博物馆中的应用也越来越广泛。LED 使用低压电源，比高压电源更安全，其发热量低、无热辐射性、无眩光，可以安全触摸，更适宜用在公共空间；同时，与白炽灯相比，其发光效率高、耗能较低、废弃物可回收、没有污染，符合环保要求；LED 光源体积小，可以随意组合并制作成多种形状的照明产品，灵活多变，可适用于较多场合；LED 使用寿命长，不易破碎，便于安装和维护，大大降低了灯具的维护费用。因此，LED 灯具非常适合博物馆照明，已逐步成为现代博物馆人工照明的主流。博物馆中常用灯具主要有轨道灯、射灯、成像灯等，有时根据需要还会为灯具配备起到保护作用的紫外线滤光镜、吸收红外线的滤光器和减少眩光的专业配件等。

图 2-81　人工照明 1

图 2-82　人工照明 2

二、博物馆照明形式

博物馆展陈空间的照明形式分为基本（一般）照明、局部照明和重点（特殊）照明三种形式。

基本照明一般指整个展厅或陈列室以及辅助空间的照明，满足空间基本照度，满足正常的参观和行走（图 2-83、图 2-84）。

局部照明一般指大面积墙面或者大型展柜的照明，比如对墙面的展板照明，要充分保证其照度的均匀并避免眩光。这种照明形式灵活性大，可适应多种情况，一般结合重点照明使用会强化效果（图 2-85、图 2-86）。

重点照明是针对一些特殊的、需要重点体现的展品或场景进行的照明。比如对精美的文物的照明，一般都会根据展品的敏感程度先测定其所需要的照度值，再进行专业的重点照明，以便参观者能很好地观察展品的细节、质感和纹理，突出展品的同时保护展品不受光线侵害（图 2-87~ 图 2-89）。此外，大型立体展品（家具、雕塑等）、展台、展柜等也多采用重点照明的形式（图 2-90）。尤其对于展柜的重点照明，要注意在保证照度的前提下协调好展品、光源和展柜玻璃面的关系，防止眩光。

在博物馆展陈空间中，好的照明设计要求设计师能够对不同的照明形式进行巧妙安排，采用多种照明形式相结合的形式，处理好基本照明和局部、重点照明的关系。在保证基本照度的基础上，通过局部或重点照明勾勒出空间的不同区域，凸显出展示的中心和重点，吸引观众注意，将展览信息有效地传达给参观者。

图 2-83　展厅基本照明　　　　　　　　　　图 2-84　Tampa 博物馆展厅基本照明

图 2-85　展厅局部照明　　　　　　　　　　图 2-86　展厅墙面局部照明

图 2-87　重点照明突出展品

图 2-88　重点照明 1

图 2-89　重点照明 2

图 2-90　重点照明 3

三、博物馆展陈空间照明设计的原则和方法

（一）对展陈空间环境的营造和渲染

光照是展陈空间的灵魂，展陈空间的照明要主次分明、节奏明确，有重点、有层次，做到既统一又富于变化，要与展览的主题相呼应。照明设计对于展陈空间氛围和场景环境的营造和渲染起着重要作用。单调的照明设计不仅容易使人感到厌倦、疲劳，对展品的特性表现也不够充分，好的照明设计可以对陈列展览起到补充和辅助的作用。尤其对于一些场景式陈列，更需要灯光的配合和渲染。很多博物馆展陈空间就是由于优秀的照明设计，对空间氛围的表达起到了非常好的推动作用（图 2-91、图 2-92）。

（二）对展品的烘托和保护

展陈空间照明设计最首要的任务是要考虑展品的特点，突出展品。不同类型的展品所需要的光照也不尽相同。照明设计首先要遵循展品的特性进行设计，为展品起到良好的烘托作用。好的照明可以多角度、全方位地显示展品的色彩、材质等方面的独特性。与此同时，照明设计还要考虑到对展品的保护。在陈列室中，要避免紫外线及红外线对展品的伤害，尤其对于珍贵文物和不可再生文物更要加强保护；同时尽量避免光源直射展品，灯具的安装角度要适宜，

图 2-91　气氛照明 1　　　　　　　　　　　　　　　　图 2-92　气氛照明 2

图 2-93　烘托展品照明 1　　　　　　　　　图 2-94　烘托展品照明 2

避免眩光；在灯具的使用和照度的控制上要以展品特性为基准，以保护展品为前提，根据不同类型的展品的要求选择适宜的灯具和照度，避免千篇一律的色温和照度。同时，展具与光源的结合也要注意合理安全，注意防火防电、通风散热（图 2-93、图 2-94）。

在对展品的烘托和保护方面，避免眩光是一项重要内容。眩光是指视野中由于不适宜亮度分布，或在空间或时间上存在极端的亮度对比，以致引起视觉不舒适和降低物体可见度的视觉条件。眩光分为直接眩光和间接眩光。眩光容易造成参观者的视觉疲劳，使参观者看不清展品，影响观展活动的进行，同时对展品的烘托和表现也有很大程度的影响。消除眩光要注意以下几点：光源位置要尽量隐蔽，光线投射方向要合理；改变展品的展示状态，调整展品的位置和高度；适当遮挡光源；避免玻璃或其他物体表面产生的眩光；保证展品照度高于环境照度、保证展品与背景的亮度对比适当等。

（三）要考虑到参观者的心理感受和接受习惯

陈列展览设计本身不是独立的，是要在展品、环境和参观者三者之间建立联系，将三者结合。照明设计是陈列展览中不可或缺的一部分，被视为"陈列艺术的生命"。由于参观者对不同的光照会产生不同的心理反应，因此，参观者的行为也会受到进一步的影响，参观者在心理上会产生舒适、愉悦、烦躁等不同的心理感受。好的照明设计可以带给人愉悦感，引导参观者视线，对参观者的行为起到一定的支配作用。所以光照设计不仅要考虑到展品本身，还要考虑参观者的心理特征。对陈列空间的光照布局要适度，尤其在需要营造氛围的情况下，要考虑到参观者的心理感受和接受程度，避免人产生恐惧感或不适感。同时照度水平要适合人眼的特征，避免产生不适的情况。

（四）要注重环保节能

目前，环保、健康的理念已融入设计的各个角落，照明设计也是一样。尽量采用自然光源是比较环保的做法。同时人工照明要做到可控可调，避免光源的浪费。要注意控制整个展览空间的光环境，对其进行集中调光控制。如目前非常流行的数控化照明，即根据时间段的不同通过不同的场景模式调控整体照明的功率。如利用红外线感应探测人流的远近来决定照明的开关。当人流走近时自动开灯，人流远离时自动关灯或照度减弱，这样可以在很大程度上节能并保护展品。同时，低碳照明、绿色照明的理念不能只停留在灯具和节能光源的运用上，还要辅以陈列设计理念的改革等。

综上所述，博物馆展陈空间的照明设计不仅可以调节空间氛围、体现展品的质感和美感，还能影响参观者的情绪，引导参观者更好地感受展览及展品要传达的主题，在博物馆展陈空间整体设计中起到非常重要的作用。所以，照明设计要求设计师要根据展陈空间的实际情况及展品特性对照明进行科学、合理的安排，在遵守国家发布的《博物馆照明设计规范》（GB/J 23863—2009）的前提下，尽可能采用自然采光与人工照明结合的形式，选择最恰当的照明方式和合理的光源。通过一般照明和重点照明的结合，最大限度地突出和保护展品，营造良好的照明环境及最佳的空间展示效果。照明设计还应从照明技术、展示效果等方面时刻保持创新、不断发展，同时，还要遵循设计发展潮流，注重节能环保，提倡低碳照明。

附：博物馆照明设计的基本要求和行业规范

根据国家文物局提出的《博物馆照明设计规范》（GB/T 23863—2009），博物馆照明设计要遵守以下基本规定：

1. 照明设计基本要求

（1）陈列室通常应设置一般照明；不同区域有不同照度要求时，应采用分区一般照明；宜采用混合照明；不宜只采用局部照明。

（2）藏品库房应按下列要求确定照明方式：通常应设置一般照明，不同区域有不同照度要求时，应采用分区一般照明。

（3）博物馆均应设置应急、值班和警卫等照明；在低照度陈列室的出入口，应设置视觉适应的过渡区；有条件的场所宜采用光纤、导光管等照明；展柜内的照明装置与展品间应设置隔离防护措施，并便于维护与管理。

2. 照明光源的选择

（1）选用的照明光源应符合国家现行相关标准的有关规定。

（2）选择光源时，应在满足文物保护、显色性等要求的条件下，根据光源、灯具及镇流器等的效率、寿命和价格在进行综合技术经济分析比较后确定。

（3）照明设计时可按下列条件选择光源：

1）陈列室宜采用细管径直管形荧光灯、紧凑型荧光灯、卤素灯或其他适用的新型光源。

2）陈列和收藏文物的场所应使用无紫外线光源。

陈列室的出入口宜采用管径直管形荧光灯、紧凑型荧光灯或小功率的金属卤化物灯。

3. 照明灯具及其附属装置的选择

（1）选用的照明灯具应符合国家现行相关标准的有关规定。

（2）在满足配光和眩光限制要求的条件下，应选用效率高的灯具。

（3）照明装置应具有防止坠落可能造成人员伤害或财物损失的防护措施。

4. 博物馆照明常用术语和定义

（1）一般照明：为照亮整个场所而设置的均匀照明。

（2）局部照明：特定视觉工作用的、为照亮某个局部而设置的照明。

（3）分区一般照明：对某一特定区域，如进行工作的地点，设计成不同的照度来照亮该一区域的一般照明。

（4）混合照明：由一般照明和局部照明组成的照明。

（5）亮度：表示光源或物体明亮程度的量，符号为 L。

（6）光辐射：包括可见辐射、紫外辐射和红外辐射。

（7）照度：表面上一点处的光照度是入射在包含该点的面元上的光通量除以该面元面积之商，照度单位是 lx（勒克斯）。

（8）平均照度：规定表面上各点照度的平均值。

（9）照度均匀度：通常指规定表面上的最小照度与平均照度之比。

（10）眩光：由于视野中的亮度分布或亮度范围的不适宜，或存在极端的亮度对比，以致引起不舒适感觉或降低观察细部或目标能力的视觉现象。

（11）直接眩光：由视野中，特别是在靠近视线方向存在的发光体所产生的眩光。

（12）反射眩光：由视野中的反射所引起的眩光，特别是在靠近视线方向看见反射像所产生的眩光。

（13）视野：当头和眼不动时，人眼能够察觉到的空间的角度范围。

（14）光幕反射：出现在被观察物体上的镜面反射，使对比度降低到部分或全部看不清物体的细部。

（15）漫射照明：光无显著特定方向投射到工作面或目标上的照明。

（16）定向照明：光主要从某一特定方向投射到工作面或目标上的照明。

（17）应急照明：因正常照明的电源失效而启用的照明，包括疏散照明、安全照明、备用照明。

（18）值班照明：非工作时间，为值班所设置的照明。

（19）警卫照明：用于警戒而安装的照明。

（20）暗适应：视觉系统适应低于百分之几坎德拉每平方米刺激亮度的变化过程及终极状态。

（21）色温：当光源的色品与某一温度下黑体的色品相同时，该黑体的绝对温度为此光源的色温度。

（22）相关色温（度）：当光源的色品点不在黑体轨迹上，光源的色品与某一温度下的黑体的色品最接近时，该黑体的绝对温度为此光源的相关色温。

（23）色品：用国际照明委员会标准色度系统所表示的颜色性质。由色品坐标定义的色刺激性质。

第四节　博物馆展陈空间的无障碍设计

国际博物馆协会章程中将博物馆定义为："博物馆是一个为社会及其发展服务的、非盈利的永久性机构，并向大众开放。它为研究、教育、欣赏之目的征集、保护、研究、传播并展出人类及人类环境的物证。"由此可见，博物馆是一个公益性的、为大众服务的社会机构，博物馆空间要面向的是所有社会人士，其中必然也包括需要被照顾的特殊群体和弱势群体。博物馆展陈空间的无障碍设计，体现的是"以人为本"的设计理念，表达了博物馆作为公众机构对大众的关爱和尊重，是目前博物馆空间设计的潮流和趋势。

所谓无障碍设计，是由联合国组织于1974年提出的新的设计主张。强调在科学技术高度发展的现代社会，一切有关于人类衣、食、住、行的公共空间环境以及各类建筑设施、设备的规划设计，都必须充分考虑具有不同程度生理伤残缺陷者和正常活动能力衰退者（如残疾人、老年人）的使用需求，配备能够应答、满足这些需求的服务功能与装置，营造一个充满爱与关怀、切实保障人类安全、方便、舒适的现代生活环境。目前，西方国家的无障碍设计已经发展的比较完善，我国的无障碍设计也在发展之中。我国的无障碍设计是从20世纪80年代开始出现，经过几十年的发展，目前国家通用的设计规范主要是2012年由中华人民共和国住房和城乡建设部及中华人民共和国国家质量监督检验检疫总局联合发布的《无障碍设计规范》（GB 50763—2012）。伴随着无障碍设计的推广和发展，博物馆展陈空间的无障碍设计也越来越受到重视，很多博物馆空间已经开始出现了无障碍电梯、盲道、紧急呼叫装置、多媒体字幕和解说、电视手语、红外线导览系统、残疾人专用卫生间等装置，展示方式和手段日趋多样化，开始为残疾人士、老年人、孕妇、儿童等提供便利。博物馆展陈空间的无障碍设计主要包括以下几个方面。

一、展陈空间交通无障碍

展陈空间是博物馆建筑的主体，是人流的主要活动区域。要保证大众在博物馆空间中的参观活动畅通无阻，首先要在空间中设定完善的交通系统和标志系统。博物馆入口处要设有坡道，方便轮椅出入，没有坡道的可以安装斜坡式钢板，在资金允许的情况下还应设置升降电梯。在主要交通区域要设置盲道，有台阶的地方要设有斜坡通道及栏杆扶手。无障碍电梯的入口净宽要在0.8m以上，电梯中还应设有后视镜，方便坐轮椅的患者随时看到自己的情况。此外，电梯中还应设有盲文按钮（图2-95）。

图 2-95　电梯内无障碍低位按钮　　　　图 2-96　天津博物馆正门残疾人通道引导标志

　　展陈空间可在入口处设置咨询讲解区域，发放观展手册等，咨询台和问讯处的高度要合理，考虑到特殊人群的使用。展陈空间中应有成熟、完整的标志系统，尤其在出入口、转弯等关键位置要设立盲人路标，还可辅以声音提示，以帮助弱势群体识别和判断方位（图 2-96）。空间中还可利用多媒体技术使参观者便于定位自己的位置，营造流畅的参观路线。在装饰手法上，可通过地面或墙面的拼花来标识参观路线，起到一定的空间引导作用。另外，建筑材料尽量要选择降噪防滑的材料，保障参观者的安全。

　　另外，根据老年人及儿童的特点，结合观展路线，在展陈空间交通部分要加入适当的休息区域。休息座椅的设计要考虑到老年人及儿童的特点，设计要多样化，材料的选择也要尽量安全、环保，以保证他们的观展活动舒适进行。

二、展陈空间信息传播无障碍

　　展览的目的是信息传播，博物馆展陈空间的展览要面向社会大众，不仅要满足正常人的需求，还要考虑到特殊人群对展览信息的接受，真正做到沟通上的无障碍。人们对信息的接受通常是通过视觉、触觉、听觉等完成的，而对于特殊人群，他们的感知能力有所欠缺或相对较弱，势必会影响到他们对信息的接受。在展陈空间设计中，要充分考虑到这一点，力求做到各类人群都能突破信息接收的障碍。基于此，在展陈空间设计中可采用以下手法：

　　1.在各展厅主要位置要有必要的信息引导牌，有对场馆及展览进行介绍的盲文宣传资料。在展厅入口处要有平面图导览及电脑查询系统，方便参观者进行无障碍信息查询。在展品说明牌上应附有盲文说明，帮助残疾人士了解展品信息。

　　2.加入完善的电子语音导览系统，对展览及展品进行详细生动的解说，这一装置可以在没有导游的情况下，帮助有视觉障碍的参观者更多地了解展品的信息。同时还可以通过多媒体技术加入声音的模拟，再现展览的真实环境，尤其适用于自然类博物馆，可以给视觉障碍者带来更直观、更亲切的感受。

　　3.随着多媒体技术的发展，互动操作展示的应用也越来越广泛。互动操作可通过触觉增强参观者与展品的互动，给参观者提供更直观的感知体验。如有些博物馆会制作一些等比例的仿制品供盲人触摸感受，还有一些场馆会配有多媒体交互信息台及手语解说屏幕，供听力障碍者通过文字或视频的形式了解展览信息。

三、展陈空间服务无障碍

无障碍设计并非只是体现在空间设施及装置设计上，更重要的是要使所有参观者做到心理上的无障碍，无论健全还是残疾，年轻还是年老，都可以平等地获得信息。具体来讲就是要对弱势群体尊重、保护和接纳。博物馆展陈空间的服务无障碍包括：场馆服务人员有良好的工作态度，对不同类型的参观者有足够的耐心和尊重；可随时为有需要者提供轮椅、婴儿车等设施；对于特殊人群有工作人员陪同等。

博物馆作为面向大众的公益性社会机构，其无障碍设计可以更好地体现人文精神，保障弱势群体享受文化的权利。无障碍设计应体现在博物馆展陈空间设计的每一个阶段，融入每一个细节，新时代的设计师更应致力于此，为实现真正的无障碍而努力。

附：中华人民共和国国家标准——《无障碍设计规范》（GB 50763—2012）

博物馆建筑属于公共建筑中的文化建筑，根据中华人民共和国住房和城乡建设部及中华人民共和国国家质量监督检验检疫总局联合发布的《无障碍设计规范》（GB 50763—2012）的要求，文化建筑的无障碍设计要遵守以下规定：

1. 文化建筑进行无障碍设计的范围应包括文化馆、活动中心、图书馆、档案馆、纪念馆、纪念塔、纪念碑、宗教建筑、博物馆、展览馆、科技馆、艺术馆、美术馆、会展中心、剧场、音乐厅、电影院、会堂、演艺中心等。

2. 文化类建筑的无障碍设施应符合下列规定：

（1）建筑物至少应有1处为无障碍出入口，且宜位于主要出入口处；

（2）建筑出入口大厅、休息厅（贵宾休息厅）、疏散大厅等主要人员聚集场所有高差或台阶时应设轮椅坡道，宜设置休息座椅和可以放置轮椅的无障碍休息区；

（3）公众通行的室内走道及检票口应为无障碍通道，走道长度大于60.00m，宜设休息区，休息区应避开行走路线；

（4）供公众使用的主要楼梯宜为无障碍楼梯；

（5）供公众使用的男、女公共厕所每层至少有1处应满足《无障碍设计规范》（GB 50763—2012）第3.9.1条的有关规定或在男、女公共厕所附近设置1个无障碍厕所；

《无障碍设计规范》（GB 50763—2012）第3.9.1条：公共厕所的无障碍设计应符合下列规定：

1. 女厕所的无障碍设施包括至少1个无障碍厕位和1个无障碍洗手盆；男厕所的无障碍设施包括至少1个无障碍厕位、1个无障碍小便器和1个无障碍洗手盆；

2. 厕所的入口和通道应方便乘轮椅者进入和进行回转，回转直径不小于1.50m；

3. 门应方便开启，通行净宽度不应小于800mm；

4. 地面应防滑、不积水；

5. 无障碍厕位应设置无障碍标志，无障碍标志应符合《无障碍设计规范》（GB 50763—2012）第3.16节的有关规定。

（6）公共餐厅应提供总用餐数2%的活动座椅，供乘轮椅者使用。

3. 文化馆、少儿活动中心、图书馆、档案馆、纪念馆、纪念塔、纪念碑、宗教建筑、博物馆、展览馆、科技馆、艺术馆、美术馆、会展中心等建筑物的无障碍设施还应符合下列规定：

（1）图书馆、文化馆等安有探测仪的出入口应便于乘轮椅者进入；

（2）图书馆、文化馆等应设置低位目录检索台；

（3）报告厅、视听室、陈列室、展览厅等设有观众席位时应至少设 1 个轮椅席位；

（4）县、市级及以上图书馆应设盲人专用图书室（角），在无障碍入口、服务台、楼梯间和电梯间入口、盲人图书室前应设行进盲道和提示盲道；

（5）宜提供语音导览机、助听器等信息服务。

4. 剧场、音乐厅、电影院、会堂、演艺中心等建筑物的无障碍设施应符合下列规定：

（1）观众厅内座位数为 300 座及以下时应至少设置 1 个轮椅席位，300 座以上时不应少于0.2% 且不少于 2 个轮椅席位；

（2）演员活动区域至少有 1 处男、女公共厕所应满足《无障碍设计规范》（GB 50763—2012）第 3.9 节的有关规定的要求，贵宾室宜设 1 个无障碍厕所。

本章小结

展陈空间是博物馆设计的主体，是沟通参观者与展品的媒介。本章通过对博物馆展陈空间基本布局形式、空间类型的介绍，结合实例阐述了展陈空间的设计手法及设计原则，同时对展陈空间设计的重要环节——照明设计及无障碍设计进行了详细介绍。

思考与练习

1. 博物馆展陈空间的设计包括哪些内容？

2. 博物馆展陈空间的设计原则有哪些？

3. 博物馆照明设计的原则和设计方法。

4. 博物馆展陈空间无障碍设计要注意的问题。

5. 以教师命题形式进行完整的展陈空间设计实训练习。

第三章　博物馆展陈空间的展示方式

教学目标

掌握博物馆展陈空间的主要展陈方式、相关展具的设计，了解陈列展示的形式美规律，能够对不同类型博物馆展陈空间的展陈方式进行合理分析和设计。

教学重点

博物馆常见展陈方式及其发展趋势。

教学难点

展陈空间中多媒体技术的合理运用。

建议学时

20 学时。

博物馆展陈空间展示方式多样，传统展示方式包括以展墙、展架、展板、展柜等形式进行文字、图片、实物等的陈列展示，新型展示方式则包括电子与多媒体技术、虚拟技术、三维动画等交互式展示方式。多种展示方式的结合运用，使参观者从视觉、听觉、触觉、嗅觉等多角度感受展览，增强参观者的兴趣，给参观者带来更新、更全面的观展体验。

第一节　陈列展示的元素——展具的设计

展具是陈列展示的主要依托元素，是博物馆陈列的基础设施。博物馆展具设计首要出发点是展品本身，要体现展品的特点，维护展品安全。同时，展具的选择和使用还会直接影响到陈列展示的效果以及整个空间氛围的形成。

一、博物馆展具设计原则

对于博物馆空间，展具的主要设计原则有以下几点：

（一）要突出和烘托展品，同时与整个展陈空间相协调

不同性质的博物馆都有自己的主题和特点，博物馆的规模不同、定位不同，其展示的内容也各不相同。展具的首要任务就是要烘托展品，不同类型的展品特性不同，就需要与之相适应的展具将展品清晰、完整地呈现出来。合理的展具可以使整个展示活动更清晰、主题更鲜明。展具的形式不能过于夸张、喧宾夺主。同时，展具设计要与整个展厅或陈列室的风格相统一，营造良好的展示氛围（图3-1）。如首都博物馆玉器展台采用透明有机玻璃材质，更好地烘托了玉器柔和莹润的特性（图3-2）。

（二）要注意保护展品，符合技术要求

展具是展品保护的屏障，展具的材料、安全性及防拆卸功能等达不到标准，展品的安全就会存在一定的隐患。具体来说，展具对展品的保护一方面体现在的展品安全性，防止对展品的碰撞和破坏等，还要防止盗窃，展具结构要合理稳固，比如展具的开启和关闭方式要符合安保要求，并且有利于展品的维护；展具所用锁具要采用博物馆专用的双重安全锁具，钥匙要分人、分级管理；展具所用的玻璃可选用硬度高、防自爆、防紫外线的低反射超白玻璃，

图 3-1　卢浮宫展厅展具设计

图 3-2　首都博物馆玉器展台

或者选择安全系数较高、破坏后不易快速脱落的夹胶玻璃等。另一方面，根据博物馆展品的不同特性，展示设计要讲究灯光、温度、湿度等方面的控制和人性化的合理设计。展具的材料和结构形式要仔细推敲，要方便操作。展具的照明也要以保护展品为前提，光源一般不宜过度裸露，要注意控制紫外线，同时避免眩光。另外，展具要满足观众近距离观看展品的需求，要符合人机工程学的要求（图 3-3、图 3-4）。

（三）要尽量避免重复，有一定的设计感和趣味性

在展厅中，展具本身也是构成展示的一项重要元素。展具的形式不能千篇一律，要根据展品的大小、材质、特性等进行设计（图 3-5），将展品与展具本身的视觉元素统一起来。不同类型的展览对于展具的材料、灯光、造型、结构、类型等都有不同的要求。展具设计要处理好标准化与个性化、主题性与多样性的关系。展具的形式要与整体的展陈空间氛围相协调，传达展陈空间的文化理念；同时还要注意设计的细节，制作工艺的精细，要有一定的设计感和创新性，吸引参观者的注意。此外，在设计的同时要注意多选用环保材料，提倡绿色设计（图3-6、图 3-7）。

图 3-3　保护展品 1

图 3-4　保护展品 2

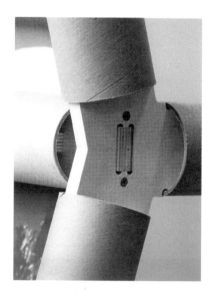

图 3-5　｜　图 3-6
　　　　　　图 3-7

图 3-5　富于变化的展台
图 3-6　环保展具
图 3-7　环保展具细节

（四）展具要发挥对展陈空间的组织和划分作用

　　展具是展陈空间进行陈列展览规划要考虑的一项重要内容。展具的排列和布局对展陈空间路线的组织和陈列节奏都产生着重要的作用。展具布局要合理清晰，要对参观者有一定的引导作用。同时，还要考虑到观展路线过长时参观者的休息问题，要适当加入休息类展具或互动型展具缓解参观者的疲劳。此外，展具的多少也要适宜，一般陈列面积不超过整个展出面积的 50% 比较合理，由此，展具的设置不宜过疏或过密，要结合参观通道的大小设置。展具的设计要充分发挥对空间划分的辅助功能，使空间陈列更完整、丰富（图 3-8、图 3-9）。

图 3-8　展具划分空间 1　　　　　　　　　　　图 3-9　展具划分空间 2

二、博物馆常用展具类型

常见的博物馆展具有以下几类：

（一）展柜

根据展品的不同特点以及展柜的布置形式，博物馆展柜有桌柜、立柜、壁柜三种形式。

桌柜的支撑体为桌式，上面覆盖玻璃罩，一般出于安全考虑多采用钢化玻璃。桌柜中摆放的展品多为文献、图纸以及小型物品。桌柜分为平面柜、单侧斜面柜和双侧斜面柜三种类型。平面柜，这是最常见的展柜形式（图 3-10）；单侧斜面柜，适合于单侧观看（图 3-11）；双侧斜面柜，这种形式对展柜的利用更充分，可以双侧观看（图 3-12）。

立柜一般放置于展厅的中间或一侧，放在中间的是岛式立柜，也叫中心立柜。这种柜体通常四面都是玻璃，参观者可以从多角度观看展品。岛式立柜的形式多种多样，具体可根据展品的特点来选择（图 3-13）；置于一侧的是墙式立柜，即柜体靠墙安置，靠墙柜一般会装背板，同时设置照明（图 3-14、图 3-15）。墙式立柜的安置形式有固定式和悬挂式两种。其中悬挂式墙柜也叫挑柜，是目前比较常见的形式（图 3-16）。

图 3-10　平面柜　　　　　　　　　　　　图 3-11　单侧斜面柜

图 3-12　双侧斜面柜

图 3-13　岛式立柜

图 3-14　墙式立柜 1

图 3-15　墙式立柜 2

图 3-16　挑柜

　　壁柜是指与展厅或陈列室墙壁结合而形成的展示空间，一般是在墙体上留出空间，根据墙体所留空间的大小，分为半壁柜（图 3-17）和全壁柜（图 3-18）两种形式。此外，布景箱也属于壁柜，布景箱外部是类似橱窗的壁龛式开口，内部暗藏光源，多进行场景式陈列，效果逼真，展品形象生动（图 3-19）。

（二）展台

　　博物馆展台主要作用是承托实物展品、模型等，与展柜相比，展台更具灵活性和机动性。

　　展台分为静态展台和动态展台两种类型。静态展台形式多样，一般以单体或者组合的形式出现。有的展台是实体的，多用于雕塑、模型等的陈列展示，且多见于永久性陈列；有些内部是空的，内部空间可以用于储藏，这种展台由于其质轻、方便运输的特点，多用于临时

图 3-17
图 3-18 | 图 3-19

图 3-17 半壁柜
图 3-18 全壁柜
图 3-19 布景箱

性陈列（图 3-20~ 图 3-22）。动态展台是指具有旋转或升降等动态功能的展台，这种展台形式视觉冲击力较强，对展品的展示也是多方位的，多用于重点陈列，在科技馆、天文馆或汽车展览馆中比较常见。

图 3-20 | 图 3-21

图 3-20 静态展台 1
图 3-21 静态展台 2

图 3-22　奔驰博物馆展台

　　展台的材料工艺也是多种多样的，主要有玻璃（图 3-23）、木质（图 3-24）、石材（图 3-25）、金属（图 3-26）等几种形式。

　　随着多媒体技术的发展，展台的设计也开始与信息技术相结合，出现了信息台。即通过互动体验的方式和多媒体技术，使参观者可以通过亲手操作的方式碰触展台来获得信息，同时结合灯光、音响等，使展台的展示更加逼真（图 3-27）。

图 3-23　玻璃展台

图 3-24　木质展台

图 3-25 ｜ 图 3-26

图 3-25　石材展台
图 3-26　金属展台

图 3-27　可互动操作的信息台

（三）展板

展板的主要作用是张贴展示平面展品和分隔空间。博物馆展板形式多样，主要分为固定展板、自由展板和屏板三类。固定展板是指展板本身与柱子、墙体、顶棚轨道或展板之间连接，这种形式的展板对空间的分隔感最强，可以形成隔断或展墙（图 3-28、图 3-29）；自由展板能够灵活移动、推拉或翻转，对空间的分隔也更具灵活性（图 3-30）；屏板就是功能和形式类似屏风的展板，同样具有划分空间的功能，同时屏板还具有一定的装饰性（图 3-31）。一般一个展厅或陈列室内会根据展示内容的不同有多种规格的展板同时出现。

此外，博物馆展具还包括介绍展品信息的展品标牌（图 3-32）、用于展示特殊展品的特型展具、小展架（图 3-33）、灯箱、引导参观者的标志指示牌、围合展品的护栏（图 3-34）等。

综上所述，随着科学技术的不断发展，新材料及新技术的不断应用，博物馆展具设计也得到了较大程度的发展。博物馆展具在博物馆展陈空间中占有重要位置，直接影响到展览效

图 3-28　固定展板 1

图 3-29　固定展板 2

图 3-30	图 3-31
图 3-32	图 3-33
图 3-34	

图 3-30　自由展板
图 3-31　具有装饰性的屏板
图 3-32　展品标牌
图 3-33　小展架
图 3-34　围合展品的护栏

果和展品安全。展具设计要在满足观众参观与展品保护的基础上，强调其独创性，同时力求与整个展陈空间相协调。此外，展具设计还应注意其设计手法、材料及工艺手段都要不断创新和发展，注意展具的回收与再利用，在设计上具有可持续发展意识，倡导低碳环保和绿色设计。

思考与练习

1. 博物馆展具的主要类型有哪些？各自特点是什么？

2. 博物馆展具的设计原则有哪些？

3. 展具的创意与表达——进行博物馆展台、展柜和展板方案设计各一套。

第二节　博物馆常用展陈方式

博物馆展品类型丰富多样，不同性质的展品需要与之相适应的陈列展示方式。总体上说，博物馆展示分为静态陈列展示和动态陈列展示两大类。静态陈列展示主要指图片、文字、模型、场景等静态有体物的展示，动态陈列展示则主要指博物馆中运用多媒体技术的互动展示。具体来说，博物馆中常见的陈列方式有以下几种。

一、吊挂式陈列

吊挂式陈列最常见的是以展板的形式为主要依托，展板可以悬挂在墙上或者悬挂于展室中央，同时可以与轨道相连，增强灵活性（图 3-35）。此外，还可以在展陈空间中将展品或展板直接进行空间悬吊（图 3-36），这种形式更具视觉冲击力和趣味性，较适合进行重点陈列（图 3-37）。

图 3-35　吊挂式陈列

图 3-36　古根海姆博物馆中汽车的悬吊

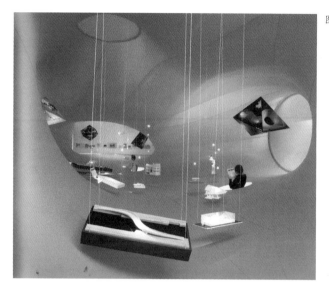

图 3-37　展品吊挂式陈列更具视觉冲击力

二、展柜陈列

展柜陈列是博物馆陈列最常见的方式，适合于各种类型的藏品。展柜可单独布置、独立出现；也可以作为空间分隔元素成排或以组合的形式出现，起到划分空间的作用。展柜陈列要注意展柜本身的特性，设计要合理安全，灯光布置及温控要适宜，保护和突出展品（图 3-38、图 3-39）。

图 3-38　大型展柜陈列　　　　　　　　　　　　　图 3-39　展柜陈列

三、中心陈列

中心陈列即将展品放置于陈列室或展厅中间或重点区域，多用于重点展示或主题展示。展品可独立放置，也可成组放置或以组合场景的形式出现。中心陈列多会成为视觉中心点，吸引参观者注意。中心陈列的形式很多，可将展品直接放置于地面，展示形式自然随意，可以很好地烘托空间氛围，这种形式在艺术类场馆中较为多见（图3-40、图3-41）；还可以将展品放置于地台上，起到强化、突出空间及展品的作用（图3-42）。

图 3-40	图 3-41
图 3-42	

图 3-40　中心陈列
图 3-41　中心陈列突出展品
图 3-42　放置式中心陈列

四、场景陈列

场景陈列是为突出一定的主题信息，在进行陈列设计时，运用道具、背景、装饰品、展品和音频、文字等，构成一定的场景，形象地体现出展览的主题或展品的特点；或者运用场景设计的手法，将场景原貌进行复原和展示，这种陈列手法可将原始场景、考古现场等真实地展现在参观者面前，有些场景陈列还具有一定的故事性，给人一种身临其境之感，引起参观者的联想。同时场景陈列应与整体展示氛围和内容相融合，强调艺术性和创新性，使参观者得到较强的审美感受，强化展示主题。场景陈列多见于自然科学类、历史类或纪念类博物馆（图3-43、图3-44）。

图 3-43　中国电影博物馆场景陈列　　　　　　　图 3-44　自然博物馆场景陈列

五、特色陈列

特色陈列是指为特定的展品而设计的特定的展陈方式或展示空间。这种形式的陈列方式一方面可以突出某些特定展品或空间，另一方面可以使展品与其陈列环境融为一体来展示（图 3-45）。特色陈列多会涉及相关展具设计或特色空间设计，用以突出展品或展陈空间的主题，如为自然生物展示设计的展墙（图 3-46）。

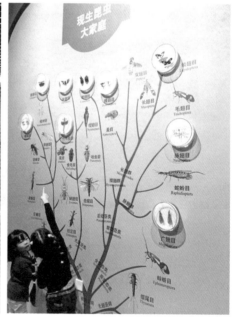

图 3-45　特色陈列　　　　　　　　　　　图 3-46　特色展具陈列

六、动态交互陈列

动态交互陈列方式也就是动态陈列展示，这种陈列展示方式与多媒体技术的发展和博物馆展陈方式的转变密切相关。博物馆展陈方式早已不再局限于观看，而是可以进一步触摸、互动。观众可以直接参与到陈列展示之中，动手操作，亲身体验。动态交互陈列方式多样，常见的如触摸台、互动地图、虚拟漫游等。如澳门博物馆中传统街头叫卖展示区，每个模拟场景前都有一个互动按钮，通过按钮可以播放真实的叫卖声（图3-47、图3-48）；天津博物馆多媒体展示（图3-49）。

图 3-47	图 3-48
	图 3-49

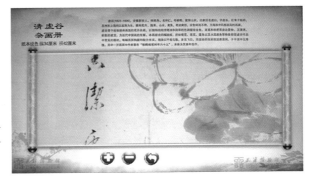

图 3-47　澳门博物馆中传统街头叫卖展示区
图 3-48　澳门博物馆中传统街头叫卖展示区
　　　　　按钮
图 3-49　天津博物馆多媒体展示

思考与练习

1. 博物馆常见的陈列方式有哪些？各自特点是什么？
2. 对所调研的博物馆的陈列方式进行分析。

第三节　陈列展示的形式美规律

博物馆展陈空间设计，是一项综合性的设计。与其他设计形式一样，也要以设计美学的基本理论为指导，遵循艺术设计的形式美法则。不同类型的展陈空间在处理上各不相同，但是也有必须要遵守的永恒法则，即要遵循多样统一的要求，在多样中求变化，变化中求统一，同时控制整个设计过程的节奏和韵律。博物馆陈列展示中反映的形式美规律体现在以下几个方面。

一、均衡

展陈空间的均衡，是指审美意义上的均衡，概括地讲，是指空间构图中各要素轻重关系的处理，空间效果是否均衡稳定以及前后、左右、上下之间的平衡关系等。均衡有两种形式，一种是对称的，另一种是非对称的。对称均衡是指沿中轴两侧严谨对称，统一性和完整性较强；非对称均衡虽然其本身也保持着一定的制约性，但形式较为灵活生动。如对称均衡形式的展陈空间（图3-50）。

二、主从

在一个整体中，所有组成部分不能一致对待，应该有主从差别。如果各要素均等，会有枯燥单调之感。每一部分要素所处位置并不相同，都有其自己的定位，即有主从差别。在展陈空间中，一般主体会位于空间中央，从属部分位于四周或两侧；或者在设计时有意识地单独突出某部分作为重点来体现主从关系。如展陈空间中在位置与体量上均重点突出中心大屏幕，吸引参观者眼球（图3-51）。

图 3-50　对称均衡形式的展陈空间　　　　图 3-51　展陈空间中在位置与体量上突出主从关系

三、对比

对比涉及的范围很广，包括各设计元素的大小、体积、位置、材质、灯光、色彩等的对比，是指借助设计要素彼此间的差异来突出其各自自身的特点，与此同时，还要注意各元素之间的统一性。博物馆展陈空间设计运用对比手法的情况很多，如展陈空间中通过灯光明暗的对比做重点展示（图3-52），通过颜色的对比区分交通空间等（图3-53）。

图 3-52　展陈空间灯光明暗的对比　　　　图 3-53　通过颜色的对比区分交通空间

四、韵律

韵律一般是指有规律地重复或有节奏地变化，其主要特征是元素的重复性和连续性。展陈空间的韵律美主要体现在以下几点：连续、渐变和交错。连续是指某一个元素或某一种形式重复连续出现（图 3-54）；渐变是指某一元素按照一定的规律或秩序变化，如疏密、宽窄等；交错是指各个元素按照一定的规律交织出现，有规律地变化。总之，无论如何变化，都要体现出整体的统一性和连续性。

五、尺度

每一个物体或元素都有其自身的尺度，除了元素本身的尺度要合理，各元素之间以及元素与空间之间的尺度也要合理。博物馆展陈空间中，展品、展具、通道及整体空间的尺度都要和谐统一（图 3-55）。

图 3-54　连续陈列形式

图 3-55　展陈空间各要素尺度和谐统一

思考与练习

1. 举例说明博物馆陈列展示的形式美规律有哪些？

2. 对所调研的博物馆陈列展示的形式美规律进行分析。

第四节　空间的新焦点——多媒体技术的应用与互动体验

随着信息社会的不断发展，博物馆展示方式也在不断革新。在多媒体技术高速发展的社会背景下，静止的、传统的展示方式（如图文展板、展柜陈列等）已不能满足人们的需求，开始逐渐向动态的、多元的展示方式发展。多媒体展示、交互和参与体验越来越受到参观者的青睐。由此，多媒体与电子技术开始得到广泛应用。在博物馆展陈空间中，多媒体技术的

图 3-56

图 3-57 | 图 3-58

图 3-56 展陈空间多媒体技术的运用 1
图 3-57 展陈空间多媒体技术的运用 2
图 3-58 展陈空间多媒体技术的运用 3

展示往往能更好地诠释展品、丰富展品信息，拉动展品与参观者之间的互动，吸引参观者的注意，成为空间的焦点（图 3-56~ 图 3-58）。

一、多媒体展示方式的优势

与传统展示方式相比，多媒体技术的优势主要体现在三个方面：

1. 运用多媒体技术有助于提升和改善博物馆的服务职能。尤其对于中、大型博物馆，参观者人数众多，常常需要服务查询、引导等帮助，相对于纸质引导图、说明书等，运用多媒体技术的引导台、查询台更便捷、清晰。同时在很多查询机中还可以看到关于博物馆展品的内容简介。还有一种查询台是交互性质的，参观者可以自主选择要参观的内容，同时进行评价和写观后感，拉近了展览与参观者的距离（图 3-59~ 图 3-61）。

2. 运用多媒体技术的展示方式涵盖信息量较大，展示手法精湛、先进且具有创新性（图 3-62）。如今多媒体技术的应用不再仅是停留在技术层面上，还被赋予了一定的艺术色彩。多媒体既可以展示恢宏的场景，也可以有多方位的精细展示，如自然博物馆中实物展示与视频展示相结合，可使参观者全方位了解展品（图 3-63）。再如 2008 年上海世博会中国馆中北宋画家张择端的作品——《清明上河图》的处理，通过数字化手段，将原画作放大，辅以声效场景，营造出一种令人震撼的展示效果。这种形式既生动，又不会伤害到原作品。多媒体展示的趣味性和互动性较强，更易吸引参观者的注意，其互动体验拉近了参观者与展览之间的距离。多媒体技术的表现手法多种多样，如互动地图、感应电视墙、3D 屏幕、虚拟漫游等，

图 3-59 查询台

图 3-60 多媒体展品展示台

图 3-61 多媒体展品说明牌

图 3-62 多媒体展厅

图 3-63 自然博物馆中实物展示与视频展示相结合

图 3-64 互动地图 1

既丰富了展示的内容，又可以让观众产生共鸣（图 3-64、图 3-65）。通过多媒体技术，可以还原许多真实场景，再现一些先进的技术，尤其有利于展示环境的渲染，通过声、光、电的结合，营造出真实的场景，给参观者带来趣味性和娱乐性，这些都是传统展示方式很难做到的（图 3-66）。

3. 多媒体技术可以增强展览与参观者之间的互动。多媒体最大的特性就是交互性，所谓交互性就是指用户可以按照个人意识参与、操作的过程。而交互性又是现代博物馆展示发展的必然趋势。多媒体的这一特性带动了参观者与展品之间的交流，参观者可以对展览信息进行选择和操作，调动参观者的欲望，使参观者的感受更加真实，对展览的关注度和理解力也大大提高，从而达到博物馆展览教育的目的。在此过程中，观众由单纯的参观者变成了参与者，展览信息的传达不再只是单纯的传送与接受，而是变成了对信息的接收处理与主观选择。参观者在多重感官的互动参与下，选择性和参与性大大加强，从而达到了传统展示形式所不能达到的效果（图 3-67、图 3-68）。

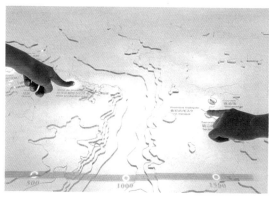

图 3-65 互动地图 2

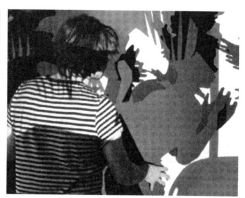

图 3-66 互动展示

图 3-67 多媒体技术的交互性 1

图 3-68 多媒体技术的交互性 2

二、多媒体展示方式的类型

多媒体技术可以解决许多传统展示方式无法解决的问题，拓展展示的范围，在现代博物馆展陈设计中被广泛应用，其本身随着技术的进步也在不断发展。许多博物馆的相关设计和工作人员一直在不断研发新的多媒体技术来弥补现有展示手段的不足。目前常见的博物馆多媒体展示方式有以下几种。

（一）互动操作展示

互动操作展示主要是拉近参观者与展览的距离，强调操作性和趣味性。参观者不再局限于用眼睛观看，还可以触摸、参与、亲身体验，融入展览之中，这是常规展示方式一种很好的辅助手段，可以更全面地展示出展品的信息，提升参观者的兴趣。常见的形式有电子翻书、趣味游戏、互动投影、动态图文影像触控系统等。如周邓纪念馆中以触摸屏的形式展示周恩来写的书信，使展物更具真实感（图3-69）；天津自然博物馆可听动物声音的播放器（图3-70）。

（二）全息投影

全息投影也叫虚拟成像，是利用干涉和衍射原理记录并再现物体真实三维图像的技术，可以从360°的任何角度观看影像的不同侧面。在展览中，将三维画面悬浮在实景的半空中成像，可以营造科技感十足的奇特效果。同时，全息投影产生的幻象景象与讲解员或讲解录音相结合，展示效果会更真实有力（图3-71）。

（三）多媒体沙盘

多媒体沙盘集展示与互动功能于一体，通过声、光、电、图像、三维动画和计算机程控技术与实体模型相结合，参观者通过软件控制或触屏操作，全方位了解沙盘内容及其变化，视觉效果强烈。多媒体沙盘分为自控模式和手控模式，自控模式不需要参观者控制过程，由计算机按一定的程序对沙盘模型进行展示；手控模式是参观者可以通过触摸屏亲自操作，对信息的获取有一定的选择性和自主性。

（四）多点触摸互动系统

这种形式多见于科技馆或天文馆等，即利用高流明投影机进行影像投射。常见的有地面互动感应投影系统、桌面互动感应投影系统、壁面互动感应投影系统等。参观者可以直接用手或脚触碰桌面或地面上的影像，观看展示内容并互动，这种形式可支持多人同时参与，并且方便拆装，在博物馆中比较多见（图3-72）。

图3-69　周邓纪念馆中以触摸屏的形式展示周恩来写的书信

图3-70　天津自然博物馆可听动物声音的播放器

图 3-71 │ 图 3-72
图 3-73 │

图 3-71 全息投影
图 3-72 多点触摸互动系统
图 3-73 感应电视墙

此外，多媒体技术形式还有很多，比如科技馆中常用到的 3D 或 4D 影院，通过立体仿真的效果营造真实的空间环境，使参观者有身临其境之感；一般历史类博物馆常见的感应电视墙，参观者用手或电光笔触及相关位置，在原处或一侧的显示器中便会显示出其相关信息等（图3-73）。

三、多媒体技术运用中需要注意的问题

在多媒体技术的使用过程中，要注意因地制宜，不可滥用。要与展厅的环境及展品性质相结合，要将多媒体手段发挥到合理化和最大化，同时与场馆中已有的展示方式相结合，提升展示效果。在多媒体技术的运用过程中，要注意以下几个方面：

1. 多媒体技术的运用要对展览起到良好的烘托作用，不能太过花哨而喧宾夺主。陈列展览的主体是展览本身，所有的技术手段都是为了烘托展品，增强展示效果。多媒体技术的选

择要根据展览的内容和性质而定。比如对于文物类展览，就不宜将展示环境设计得太过花哨，而是应该利用光电效应突出和介绍主要展品；对于历史类展览，展厅的环境效果也不宜太过辉煌，而应将参观者代入当时的年代和氛围中，营造一种古文化的场景效果。多媒体作为一种技术手段，要与展览的整体形势相协调（图 3-74、图 3-75）。

2. 对多媒体的使用要符合观众的心理特征和生理特征，比如常见的声像系统，影像的播放时间不宜过长，避免观众由于长时间站立产生厌倦感。多媒体影像的设置不宜过于频繁，要随着展览的节奏有一定的层次感，迎合参观者的心理。同时应该结合实物展示，使展示氛围更真实直观，更易吸引人（图 3-76）。

3. 多媒体技术的运用还要考虑到技术的更新和设备的维护问题，加强对相关工作人员的培训，建立专业的技术队伍。对于工作时间较长或损耗较多的电子设备要加强维护和管理，充分发挥它们的作用，不要让这些设备成为摆设。同时要注意多媒体设备使用上的安全性，尽量选择比较成熟的、投放次数较多的、经过市场检验的技术设备，避免采用正处于初期试用阶段的设备。

图 3-74 ｜ 图 3-75
图 3-76 ｜

图 3-74 西溪湿地博物馆多媒体演示效果 1
图 3-75 西溪湿地博物馆多媒体演示效果 2
图 3-76 多媒体展示与通道结合

思考与练习

1. 博物馆中多媒体展示方式的优势和类型是什么？

2. 博物馆中多媒体技术的运用要注意哪些问题？

3. 对所调研的博物馆中运用到的多媒体展示方式进行分析汇报。

第四章 陈列布展的设计方法与流程

教学目标

掌握博物馆展陈空间方案项目的策划步骤，了解施工布展过程及验收标准。

教学重点

展陈方案的设计步骤和施工流程。

教学难点

展陈方案的深化设计。

建议学时

8 学时。

博物馆展陈空间设计，是一个包含技术、艺术、科学的综合性设计。要设计良好、合理的展陈空间，首先要了解展馆本身的特点以及展览的性质和相关内容。博物馆展览，一般包括：前期的资料收集、选题策划及陈列大纲和脚本的编写；中期的深入设计（具体展陈空间设计及局部细节设计）、施工图纸设计以及后期的施工验收等。整个过程要紧密围绕展览的主题展开，要做到井然有序，将设计的构思和创意与规范的施工工艺相结合，确保达到最终的展览效果，同时还要保证设计、施工人员及展品的安全，保证资金的合理安排，保证在预订时间内完成展览（图 4-1、图 4-2）。

图 4-1　博物馆展陈空间 1

图 4-2　博物馆展陈空间 2

第一节　前期策划——陈列大纲及脚本编写

博物馆展陈方案项目的前期策划，首先需要对项目进行立项，进行相关可行性报告的撰写和审批工作。立项之后，整理和收集展览相关的文字、图片、实物、影像等资料，根据展览内容编写陈列大纲和文字脚本。陈列大纲体现的是整个展览的一个基本构架和基本内容，类似于书籍的目录,起一个提纲挈领的作用。文字脚本是在陈列大纲的基础上撰写出来的。有了详细的脚本之后,陈列设计师根据脚本内容进行展览的详细设计和制作。

一般脚本内容包括展览的目的和指导原则、展出的时间和地点、规模与面积、展示的主题内容、展品的类型与范围、展示空间的表现手法和表现形式、施工要求等。细目脚本一般会明确每个部分的主标题、副标题、文字说明、实物图片及统计图表等。文字脚本的撰写过程需要认真、详细地修改和核对。文字脚本首先要明确展览要传达的中心思想,明确展览的目的,并将展览的主要内容进行合理的编排。脚本的撰写要明确将为参观者提供哪些信息以及要达到什么样的展示效果。脚本的编排与陈列展示直接相关,所以其内容和信息安排要合理。在脚本中所涉及的展览内容和展示形式要主次分明、重点突出、层次清晰,要满足不同类型参观者的需求,避免平铺直叙、思维混乱,影响展示效果。此外,脚本中还要对一些重点展示,如多媒体展示、场景展示等进行详细的撰写,为后面的施工表达打下基础。

文字脚本中还会涉及展览文字说明,即从前言、主题说明、单元主题说明、组主题说明到主要展品的文字说明等。展览文字要真实精炼,要有启发性和感染力,能够吸引参观者的注意力,引发参观者的阅读兴趣。

文字脚本应在每一部分的开篇对该部分的展览内容进行提纲性的介绍和提示,如该部分的展示目的、主要展示内容、支撑材料、展示形式(包括展示的道具、色彩、照明、材料等)、主题说明等,详尽准确的介绍可以作为深化设计的依据,使设计师在后期的工作中更好地表达展览的内容。

本阶段的实训练习,学生要对所需进行展陈设计的空间及展示主题进行初步调研分析,撰写相关的可行性报告。确定主题后,进行陈列大纲和文字脚本内容的编写。脚本内容要详尽细致,思路清晰,条理明确,为后面的深入设计打下基础。作业形式以 PPT 报告和 Word 文档为主。

具体作业形式包括如下两部分内容:

一、博物馆空间调研报告

要求结合前面所学知识,任选一个或几个博物馆进行实地调研,经过资料收集和分析研究,完成调研报告,调研报告中包括以下几点内容。

1.博物馆简介,博物馆的性质和规模。

2.博物馆的主要参观者分析。

3.博物馆周边环境及主要出入口、停车场设计分析。

4.博物馆各层平面分析及其展陈空间流线分析(此处附 Photoshop 流线分析图源文件及 JPEG 图片文件)。

5.博物馆的入口、门厅及辅助空间功能分析(包括售票处、问讯处、小件寄存处、书店、纪念品销售处、餐厅、茶座咖啡厅、休息区等)。

6.博物馆展陈空间布局形式分析。

7. 博物馆展陈空间主要照明方式及展具分析。

8. 博物馆展陈空间主要陈列展示方式分析（不少于五种陈列方式）。

9. 调研中发现的该场馆展陈空间设计或陈列展示方面的问题（不少于三点），并提出自己的改进思路。

调研报告要求严格按照以上九点展开，深入分析、论述清楚，注重报告的总结性及创新性。作业以 PPT 形式汇报并上交。

二、确定主题后，编写陈列大纲和文字脚本

陈列大纲要求体现出展览的基本框架，脚本内容要求明确展览的目的和指导原则、展出的时间和地点、规模与面积、展示的主题内容、展品的类型与范围、展示空间的表现手法和表现形式、施工要求等，内容论述要求思路清晰，章节完整。作业以 Word 文档形式上交。

第二节　故事的讲述——中期深入设计

中期深入设计是指将前期的设计构想在内容和形式上进行分阶段的修改、完善，同时经过多方讨论研究，形成最终的、完整的设计形式。深入设计是对陈列大纲和文字脚本的体现和实施，从宏观到微观、从整体到细节、从空间形式到展品位置都有了全面的反映和交代。深入设计顺利完成之后，才能进入最终的施工确认阶段。中期深入设计主要包括以下几个阶段。

一、初始设计

在经过前期的策划与方案准备后，首先要到展览场地进行实地勘察，熟悉场馆的情况，参考建筑图纸测量实际空间大小，如空间的开间、进深、柱距、门窗的位置和形式等；同时还要掌握陈列空间的相关配套设施，如供电照明设施等。在此基础上，再结合对展示内容（展品的性质、数量、尺寸、展示要求等）以及所需设备、材料的了解，设计师通过多方沟通、交流，进行初步草图方案设计。

初步草图方案要解决的问题：确定展品和图文资料在展厅中的位置及分布，进行基本的空间布局，合理安排参观流线；确定展陈空间的设计基调，进行空间设计，对空间内的主要展示手法和施工工艺进行初步设计，尤其注意多媒体技术的运用；根据参观者的生理和心理需求选择最适合的主题表达方式（图4-3、图4-4）。

本阶段的实训练习，学生需要提交初期的设计方案，其中包括：设计说明及创意点分析、展陈空间的平面布局和分析、空间方案的初步效果图、版面设计小样等。作业形式以 PPT 汇报为主，其中包括文本论述、平面图 DWG 文件、Photoshop 平面分析图、3D 效果图。在此阶段主要训练的是学生的方案策划能力，设计的切入点及创意点非常重要，该阶段教师应严格把关，积极引导学生，对于出现的问题要及时纠正，以保证后续方案设计的顺利进行。

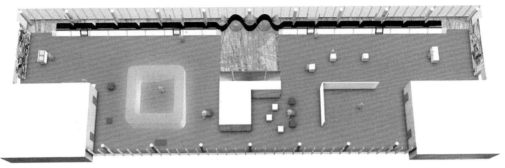

图 4-3　展厅平面分布图 1

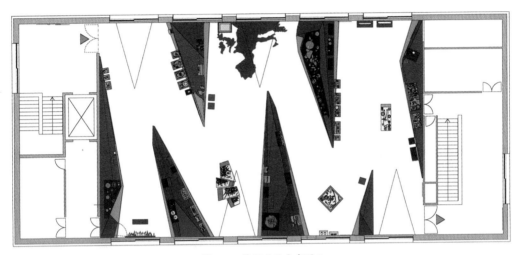

图 4-4　展厅平面分布图 2

二、扩展设计

本阶段，需要对前期的初步设计进行深入的讨论和思考，结合实地情况不断完善设计方案。对于平面布局、流线、空间的组织和安排、展示形式、照明等辅助设施以及展具的选择等都要进一步深化，同时对于造价、细部结构、材料和施工工艺等也要进行进一步的深入设计。此时，施工、材料、工艺及展陈方式都应有了明确的方案。对于展览主题要更加明确，细节上可选择一些突出主题的展示方式，营造空间的氛围。在此阶段，还要考虑到配电、空调、水暖等相关问题，在实际方案中要积极与施工技术人员进行沟通，扩展设计涵盖面较广，要尽量做到面面俱到，同时主次分明。

本阶段的实训练习，学生需要提交设计的深化方案，其中包括：详尽的展陈空间平面布局图和分析图、展陈空间立面设计图（包括展品、文字、图片、版面等的位置和编号以及立面的材质）、空间展陈方案的效果图、场景设计图、多媒体交互展示设计图、细节部分设计图、版面设计方案、简要设计预算等。作业形式仍以 PPT 汇报为主，其中包括设计说明论述、平面图 DWG 文件、Photoshop 平面分析图、3D 效果图、CAD 初步施工图等。本阶段主要考察和训练的是学生的方案深化能力，是学生设计能力提升的重要阶段。通过前期的一系列准备，在此阶段需要注意设计的整体性和深入性，将设计的特点全面发挥出来，使方案更加完善、合理。

三、分项设计

这部分主要是指展陈空间中所涉及的展具设计、展品辅助项设计、版式等平面设计、多媒体设备的运用及特殊场景设计等。其中展具设计要根据展品的特性及展陈空间的布局来决定，对于特定的展示空间，要有与之相适应的展具，避免千篇一律。优秀的展具设计一方面可以很好地突出展品，另一方面也可以强化整个展示空间的特点和氛围，同时起到划分空间的作用；展品辅助项设计是指为了让参观者更加了解展品，在展示展品本身之外对展品信息的补充设计，如与展品相关的历史文化背景、材料、施工工艺等介绍、与展品相关的延伸内容以及设计说明牌等，有些辅助项设计可以对展示效果起到画龙点睛的作用；平面设计在展陈空间中也占有一定的比重，尤其以版式设计最为常见，展览中大部分文字内容都是通过展板来展示的，展板的设计主要依赖于版式，版式设计要求内容清晰有条理、要突出主题且有一定的新意；多媒体的运用可迎合现代观众的新需求，对于展品的表现更全面，同时有助于展示氛围的营造，可以吸引更多的参观者。分项设计要细致深入，突出亮点，对整个展陈空间起到很好的辅助作用。

本阶段的实训练习，学生需要提交分项设计的相关设计方案，其中包括：展具设计图、版式设计方案、多媒体设计方案效果图、说明牌等细节设计图。作业形式仍以 PPT 汇报为主，其中包括各类设计相关的 CAD 和 3D 图纸、CAD 施工图等。该阶段主要考察的是学生的深入能力和独创性，以及学生对方案整体性的把握。分项设计是展陈空间中不可或缺的部分，也往往是空间的亮点所在。

四、施工图纸设计

基本的空间设计结束后，要完善全套的施工图纸，同时进行配套的装修、空调、配电、安防等施工图纸的绘制。规范完整的设计图纸是博物馆展陈空间设计各项标准和要求的量化，是工程质量和实施效果的保证。施工图是表示施工对象全部尺寸、结构、用料及工艺要求且用于编制预算、指导施工用的图样。施工图是施工人员施工定位、组织管理、实现陈列设计方案的依据。施工图要体现精细的尺寸、制作工艺以及装饰材料的选择，一般包括施工文件总目录、施工图总体设计说明、施工平面图、顶棚施工平面图、展厅施工立面图、装饰施工剖面图与节点图，还有一些相关专项施工图纸（配电、空调、给水排水、智能化控制、安防等）。另外，对于一些特定的设计点，如展品辅助项设计、多媒体交互设计等，也要给出详细的施工图。此外，还要有基本的经费预算。施工图纸要严格遵守建筑制图和机械制图的规范，对于线型、线宽、符号、比例、字体的使用等都要符合制图要求，不能擅自设定或改动；对于特殊部位的设计，需要通过节点详图表达清楚，要注明规格、材质和技术要求；图纸要齐全，表达要准确；对于水暖、照明、电气技术、安防等相关专项施工图纸，要符合相关的国家规范。

施工图完成后要认真审核，做好图纸交底工作，合理安排施工进度。

设计图纸是设计师构想和理念的表达，是设计师与施工人员的主要沟通依据，所以设计图纸必须完整、规范。设计图纸要比例合理，真实反映展陈空间的实际情况，满足展陈空间使用功能的表达；设计图纸绘制时要符合相关标准制图规范，图幅、线型、字体、比例等都要有明确的规定，对于一些细节部分要交代清楚。

在本阶段的实训练习，学生需要提交相关的施工图纸方案。该阶段主要考察的是学生的读图及图纸绘制能力，以及对整体方案的把握能力，需要学生熟练掌握相关的制图规范和制图标准，对图纸进行准确无误的绘制。同时，学生还应对制图过程中所涉及的软件（AutoCAD、3ds Max、Adobe Photoshop、Google SketchUp 等）熟练掌握。该阶段是对前期方案设计的深化和表达，在施工图纸的绘制中要积极发现问题、解决问题，保证图纸的完善和设计方案的完整，为后期的施工布展打下基础。

综上所述，深入设计阶段完成之后，需要提交的图纸包括：展陈空间总平面图、各展区平面图、展区立面图（立面图中要体现展品、版面、图片、文字、材质、展具类型及展示形式等信息）、展陈空间各区域效果图（要体现空间基本色调、陈列内容、展示手法、材质特点、照明效果、总体氛围等）、施工图等。

第三节 施工布展及验收标准

所有设计方案确定、设计图纸完成之后，整个展陈设计便进入方案施工阶段，这是所有方案设计成果的最终体现阶段。所有的精美展品、设计形式、展出手法、设计理念和空间氛围都将在这部分展现。这一阶段要注意设计师与施工人员的交接和沟通。在施工过程中，设计师要与施工人员互相配合，根据现场的实际情况和展示效果进行实时的调整，同时要注意对展品的保护，将展品安全放在首位，对最终的陈列效果及照明效果等也要进行反复的调试，力求达到最优的展示效果。

博物馆施工布展是多门类学科的交叉工程，要有较强的组织性和计划性。在开始施工之前，要先进行统筹安排和科学有序的组织，以保证施工的有序进行。同时要完成施工设计图纸的交底工作，保证设计师与施工人员沟通顺畅，之后双方协调设计方案，进行局部确认和调整，安排施工进度。一般场馆施工布展的步骤：对基本展陈空间进行装修施工，制作特殊场景，展品陈列安排，图文展板制作及多媒体展示的制作等。具体到展厅的施工布置主要包括：安装展墙上的展板、图文和灯箱、照明等，安装展柜、展架、展台等展具，清理展馆，安装展柜玻璃和沙盘模型等，进行局部检查调整，再次清理卫生，布置文物展品，清点展品并检查安防措施。布展过程中所涉及的多方面问题都需要专业人员参与研究解决。

施工过程中还要注意时间的控制，在必要的情况下，多项项目要齐头并进、共同展开，保证施工按时、按质完成。同时也要保证施工的安全性和规范性。施工布展过程中严禁使用易燃易爆和放射性物品，同时要配有完善的消防设施和消防通道，不能遮挡消防安全门和出口通道。施工选择的材料要安全环保，板材、涂料、油漆、胶水等的选择都要符合国家安全、环保标准，以免装饰材料散发的有毒物质和刺鼻气味危害参观者的健康，影响展览的顺利进行。对于一些非永久性展览，还要考虑到施工材料的回收和再利用，避免造成材料的过度浪费。

施工布展过程中展陈效果会不断调整，施工结束后，效果的验收和评估有利于对设计施工过程中没有注意到的问题及时发现和解决。以至于到方案实施之后，仍要对设计方案和现场效果不断进行完善和调整，以便为以后同类型展览的设计和施工积累经验。由于博物馆展览类型较多，展陈方式也各不相同，所以目前还没有统一的验收标准，都是根据展览的不同类型按照各个行业的标准逐项检查和验收，验收的同时对各个环节监督检查、积累经验，为之后同类型的布展设计提供经验指导。

本章小结

博物馆展陈空间设计，是一项综合性设计，需要得到多个专业知识的技术支撑。设计过程中每一个环节都非常重要，都将决定最终的设计成果能否体现最初的设计构想，能否表达展览的主题，实现展览的目的。设计师在进行设计的过程中，首先，要在了解展馆本身和展览内容的基础上，整理和收集与展览相关的资料，撰写相关可行性报告；其次，撰写陈列大纲和文字脚本，为展览确定框架；主题确定后对展陈方案进行分阶段的逐步深入设计以及相关配套的施工图纸设计，将设计意图完整地表达出来；所有图纸完成后，进入施工布展和验收阶段，经过与多方的积极协调及不断调整，完成完整的展陈空间陈列布展方案。

思考与练习

1. 博物馆展陈空间方案项目的设计步骤。

2. 博物馆展陈空间方案深入设计有哪几个阶段？

3. 博物馆展陈空间施工布展过程及验收标准。

4. 确定展陈空间设计方案主题，进行脚本撰写和设计过程分析，结合前期所学知识，独立完成方案设计。

第五章　如何成为一名优秀的陈列展览设计师

教学目标

明确陈列展览设计师所应具备的基本素质，了解陈列展览设计师国家职业标准。

教学重点

陈列展览设计师所应具备的基本职业素质。

教学难点

考取不同等级陈列展览设计师的相关要求。

建议学时

4学时。

第一节　陈列展览设计师应具备的职业素质

博物馆陈列展览设计师应具有综合的知识体系和素质。首先，要有一定的职业素养，要热爱自己的专业并有为之奉献的精神，工作态度积极诚恳、精益求精，要遵守职业道德规范；其次，要有全面的知识体系，对本专业及相关专业要有完整的认识，这是由于博物馆陈列设计本身就是一门综合性的艺术。博物馆陈列设计涵盖了多种学科，如建筑学、室内设计学、环境艺术学、人机工程学、信息传播学、心理学、历史学、美学等。要进行优秀的设计，设计师掌握的知识要非常全面。马自树先生在为《博物馆陈列艺术》一书所作的序中提到："博物馆为社会服务、为观众服务，其中心环节就在于陈列、展览。陈列、展览的效果如何，很大程度上取决于陈列艺术设计的水平"。由此可见，博物馆陈列是对设计师知识水平和技能的综合考量，从最初的方案制定、脚本撰写，到设计的深化与调整，再到最终的陈列布展与施工，都需要设计师有清晰的思路和明确的定位，通过对展览内容和展示空间的了解，选择最恰当的展示形式和空间布局，将展览完美地呈现出来，激发参观者的兴趣，使参观者在展览中获得知识和乐趣。要成为一名优秀的陈列展览设计师，需要通过长时间的学习和实训练习，在此过程中积累丰富的经验。陈列展览设计师主要需要具备以下几方面的素质。

一、具备一定的审美素养和设计功底

博物馆展陈空间设计主要涵盖两大方面的内容：对空间的整体设计和对展品的展示设计。在空间设计方面，需要设计师有一定的室内设计素养，将室内设计的原则运用到博物馆展陈空间中，包括内部空间的布局、空间氛围的塑造、细节设计以及材料、灯光、色彩、绿化、装饰等的设计，甚至室内景观设计的手法也会运用其中；展陈空间及展品本身都是艺术品，陈列展览设计师要运用自己的审美素养和美术功底对其形体、比例、色彩进行总体把握和认知，要从审美的角度去理解，尤其对于展品的展示，设计师的审美水平决定着对展品的理解和展示水平。

在博物馆展陈设计中，还涉及平面设计内容。常见的平面设计包括：图文版式的编排、字体设计、插图设计、引导牌及说明牌设计、多媒体版式设计等。这些内容对于展览本身起

到一定的辅助作用，可以多角度传达展览的信息，对参观者进行引导等。比如大型展陈空间中的引导牌设计，可以组织和贯穿于整个展览空间；展品说明牌的设计，可以为参观者提供展品的名称、特性、用途等方面的信息，对展品进行一个简要的概述；展板的设计一般包括展览的简介、发展、内容等，可以是文字形式或者图文结合的形式，展板设计在展陈空间设计中占有非常重要的位置，设计师要熟练掌握展板设计的原则及技巧，根据展览的内容进行合理编排和表达。以上这些都属于平面设计的范畴，展览中平面设计的内容对整个展览起到穿针引线的作用，其设计风格要贴合整个空间的设计风格，设计内容要尽量全面详细，因此对设计师的平面设计水平有一定的要求。（图 5-1~ 图 5-5）

　　设计师的审美素养贯穿于整个展陈活动的始终，从整体的风格到细节的设计，从展览的风格、色调的定位到展品的摆放、文字的编排，都受到设计师审美水平的影响。具有良好审美素养和设计功底的设计师，更具想象力和创造力，对展示内容的表达可以更加丰富完整，可以更好地完成展览。

图 5-1　展区平面设计

图 5-2　展板设计

图 5-3　展品说明牌设计

图 5-4　展览区地面图案设计

图 5-5　展陈空间墙面设计

二、熟练掌握人机工程学原理

　　博物馆展陈空间设计，是要为参观者营造一个舒适的观展环境，展陈空间要以人为本，人机工程学原理的应用要贯穿始终，要树立人－机－环境的系统观念并使之相互协调。如展陈空间中展具的造型、体量、大小、摆放的位置等一方面要符合展品的特性，另一方面也要符合人机工程学的要求，设计最适宜的尺度；再如展陈空间中通道的大小、空间的感受、展板的安装等也要符合人机工程学的要求，要保证参观者在展陈空间中的一切活动或感受都舒适自如。此外，博物馆展陈空间中应用日趋广泛的多媒体技术、人机交互界面的应用也要符合人机工程学的要求，无论在造型还是界面设计上，都要使人机交互关系达到最适宜的状态。因此，设计师对于人机工程学的掌握是否熟练，直接影响到展陈空间的设计效果和观展者的心理感受。同时，人性化的设计也是人文精神的一种体现，是人与空间及展品的完美结合，符合设计发展的潮流和趋势。

三、了解相关设计知识

　　博物馆陈列展览设计师对于相关知识的了解主要包括材料、照明、多媒体设计几大部分。

　　首先，设计师要对设计中所运用到的装饰材料有较为全面的了解。材料的特性、局限性、安全性、施工工艺和最终展示的效果等都要考虑——有些装饰材料适合短期展览，有些适合长期展览；有些材料会对展品产生一定的影响；有些不符合防火、防水的要求；有些材料的选择符合造价要求，有些则会超出预算标准；甚至某些材料本身的特点具有一定的时效性——这些都是设计师要考虑的问题。设计师要通过对材料的了解，选择最适宜的材料，同时尽量选择环保、绿色材料，注意装饰材料的再利用。

　　其次，照明设计是博物馆展陈空间设计的一个重要环节，对展品的展示和空间氛围的营造都起着重要的作用。设计师应对照明方式、照度、光源、灯具都有充分的了解，对各种灯具的功率、特点和使用方法要清晰，对于不同类型的展品对照度的要求要做到心中有数，避免产生眩光以及光照对展品产生破坏。设计师对照明的控制要在保证基本照度的前提下，进行局部照明和气氛照明。设计师可通过对不同灯具和照明效果的掌握，营造和变换不同展示空间的氛围，完善展示效果。随着照明类型的不断细化，设计师要完成合理的照明设计，需要对照明相关知识有深入、全面的了解和掌握（图5-6）。

最后，随着科学技术的不断发展和多媒体技术的广泛应用，博物馆展陈空间中多媒体设备的使用越来越广泛，多媒体技术的运用对于传统展示方式来说是一种革命性的改变，在与参观者的沟通与互动方面也更加充分。多媒体展示方式与传统的展示方式相比，更灵活，层次更丰富，更加能吸引参观者的目光，设计师要对多媒体技术以及声、光、电等都有一定的了解，能够根据特定的主题选择恰当的技术，才能很好地将展览中的内容转换为多媒体表现的信息点，将展品融入故事情节中，多方位挖掘展品的信息，使展示效果更逼真，从而有助于深化和表达展示主题，激发参观者的兴趣（图5-7、图5-8）。

除此之外，作为一名优秀的设计师，还要了解设计心理学的相关知识。具体到展陈设计中，就要求设计师要能体会参观者的心理，抓住参观者的兴趣点。在设计初期要先对观展人员及展览性质进行全面分析，确定目标参观群，了解主要参观者的特点和兴趣点，同时考虑观展者的参观路线等，基于以上信息再进行相关设计。这一步骤在展陈空间设计中占有重要位置，有利于展览的顺利展开。

图 5-6 ｜ 图 5-7

图 5-8 ｜

图 5-6　展厅照明设计
图 5-7　展陈空间多媒体交互设计 1
图 5-8　展陈空间多媒体交互设计 2

四、熟练掌握设计软件

博物馆展陈空间方案设计过程中需要呈现大量的设计图纸，设计师对于相关计算机辅助软件的操作掌握是否熟练就变得尤为重要。计算机软件是设计表达的主要途径，具有较强的时效性。设计师的设计理念和思路可以第一时间通过软件操作反映在设计图纸上，并不断进行修改和完善。陈列展览设计师常用到的设计软件包括：Photoshop 图形处理软件、AutoCAD 平面图及施工图制作软件、3ds Max 效果图制作软件、InDesign 排版软件等。设计人员对相关软件的掌握不熟练，会直接影响到设计思想的表达和与施工人员的沟通，从而影响展览的效果；相反，能熟练掌握设计软件的设计师，对设计方案的表达会更加准确和逼真，也更利于激发设计师的设计灵感，对于展览的开展也会起到一定的推动作用。同时，对于计算机软件的设计图纸，设计师要具备较强的读图和识图能力，尤其是对于施工图纸的识读（图5-9~ 图 5-13）。

图 5-9　展陈空间方案设计图 1（学生作业）

图 5-10　展陈空间方案设计图 2（学生作业）

图 5-11　展陈空间方案设计图 3（学生作业）

图 5-12　展陈空间方案设计图 4

图 5-13　展陈空间方案设计图 5

五、具备良好的沟通和表达能力

优秀的博物馆展陈空间设计，是多方共同努力的结果，这其中就涉及多方面的协调与沟通。与博物馆馆方人员的沟通是设计进行的前提。设计团队之间的沟通是设计顺利进行的基础，最后与施工人员的沟通是设计顺利完成的保障。同时，还会涉及与检测部门、管理部门的沟通。这些环节在设计过程中都非常重要，任何一个环节沟通不当出现问题，都会影响到后续工作的进行，严重时甚至会导致展览的延期。此外，设计师与参观者的沟通也尤为重要，在设计初期，设计师可以通过与参观者的交流抓住参观者的心理，了解参观者对展览的兴趣所在，进而对自己的设计思路进行定位，对最终的设计起到很好的辅助作用。陈列展览设计师具备良好的沟通和表达能力，可以在设计思路的表达上少走弯路，清晰地传达自己的设计理念，同时避免各部门各环节之间的误解，提高办事效率。

总之，要成为一名优秀的陈列展览设计师，要具备一定的职业素质，同时还要有崇高的敬业精神和奉献精神，要热爱自己的职业，时刻遵守职业道德。在工作中，要有一丝不苟的工作态度，要对展览和展品负责，对设计的每一个环节都要精益求精，时刻保持积极进取的工作状态，同时还要对参观者负责，时刻站在参观者的角度考虑，从而设计出合理的、优秀的博物馆展陈空间。

第二节　陈列展览设计师国家职业标准

陈列展览设计师职业资格证书的考取要严格遵循陈列展览设计员国家职业标准进行资格证书考取的针对性练习，陈列展览设计员国家职业标准如下所示。

一、职业概况

（一）职业名称

陈列展览设计员。

（二）职业定义

从事陈列研究、展览设计的专业人员。

（三）职业等级

本职业共设三个等级，分别为：陈列展览设计员（国家职业资格三级）、陈列展览设计师（国家职业资格二级）、高级陈列展览设计师（国家职业资格一级）。

（四）职业环境

室内、室外，常温。

（五）职业能力特征（表 5-1）

职业能力特征　　　　　　　　　　　　　　　　表 5-1

职业能力	非常重要	重要	一般
学习能力	✓		
表达能力		✓	
计算能力		✓	
空间感觉	✓		
肢体能力		✓	
色　觉	✓		
手指灵活性	✓		

（六）基本文化程度

大专毕业（或同等学力）。

（七）培训要求

1. 培训期限

全日制职业学校教育，根据其培养目标和教学计划确定。晋级培训期限：陈列展览设计员不少于 250 标准学时，陈列展览设计师不少于 250 标准学时，高级陈列展览设计师不少于 150 标准学时。

2. 培训教师

培训陈列展览设计员的教师应具有本职业陈列展览设计师及以上职业资格证书，培训陈列展览设计师的教师应具有本职业高级陈列展览设计师职业资格证书 2 年以上或相关专业中级以上专业技术职务任职资格，培训高级陈列展览设计师的教师应具有本职业高级陈列展览设计师职业资格证书 3 年以上或相关专业高级专业技术职务任职资格。

3. 培训场地设备

理论知识培训应在标准教室进行，技能操作培训应在具有必要的工具和设备的场所进行。

（八）鉴定要求

1. 适用对象

从事或准备从事本职业的人员。

2. 申报条件

（1）陈列展览设计员（具备以下条件之一者）

1）经陈列展览设计员正规培训达规定标准学时数，并取得结业证书。

2）连续从事本职业工作 4 年以上。

3）大专以上本专业或相关专业毕业生，连续从事本职业工作 2 年以上。

（2）陈列展览设计师（具备以下条件之一者）

1）取得本职业陈列展览设计员职业资格证书后，连续从事本职业工作 3 年以上，经本职业陈列展览设计师正规培训达规定标准学时数，并取得结业证书。

2）取得本职业陈列展览设计员职业资格证书，连续从事本职业工作 5 年以上。

3）连续从事本职业工作 7 年以上。

4）取得本职业陈列展览设计员职业资格证书的高级技工学校本职业（专业）毕业生，连续从事本职业工作满 3 年。

5）取得本职业或相关专业大学本科毕业证书，连续从事本职业工作 5 年以上。

6）取得本职业或相关专业硕士研究生学位证书，连续从事本职业工作 2 年以上。

（3）高级陈列展览设计师（具备以下条件之一者）

1）取得本职业陈列展览设计师职业资格证书后，连续从事本职业工作 5 年以上，经本职业高级陈列展览设计师正规培训达规定标准学时数，并取得结业证书。

2）取得本职业陈列展览设计师职业资格证书后，连续从事本职业工作 5 年以上。

3）取得本职业或相关专业大学本科毕业证书，连续从事本职业工作 8 年以上。

4）取得本职业或相关专业硕士研究生学位证书，连续从事本职业工作 5 年以上。

3. 鉴定方式

分为理论知识考试和技能操作考核。理论知识考试采用闭卷笔试方式，技能操作考核采用现场实际操作方式。理论知识考试和技能操作考核均实行百分制，成绩皆达 60 分及以上者为合格。陈列展览设计师、高级陈列展览设计师还须进行综合评审。

4. 考评人员与考生配比

理论知识考试考评人员与考生配比为 1 ∶ 20，每个标准教室不少于 2 名考评人员；技能操作考核考评员与考生配比为 1 ∶ 5，且不少于 3 名考评员。综合评审委员不少于 5 人。

5. 鉴定时间

理论知识考试时间不少于 180min，技能操作考核时间不少于 360min，综合评审时间不少于 30min。

6. 鉴定场所和设备

理论知识考试场所为标准教室，技能操作考核场所应具有必备的工具和设备。

二、基本要求

（一）职业道德

1. 职业道德基本知识

2. 职业守则

（1）遵纪守法，为人民服务。

（2）严格自律，敬业诚信。

（3）勇于创新，团结协作。

（二）基础知识

1. 展示设计基础知识

（1）中外建筑及室内设计简史。

（2）展示设计史概述。

（3）视觉传达概论。

（4）中外美术简史。

2. 艺术设计基础知识

（1）展示艺术设计实务。

（2）设计方法与程序。

（3）平面、立体、色彩构成的基础知识。

（4）环境艺术知识。

（5）美术字及书法基础知识。

3. 人体工程学基础知识

4. 绘图基础知识

5. 应用文写作基础知识

6. 计算机辅助设计基础知识

7. 相关法律、法规知识

（1）《劳动法》的相关知识。

（2）《环境保护法》的相关知识。

（3）《著作权法》的相关知识。

（4）《建筑内部装修设计防火规范》（GB 50222—1995）的相关知识。

（5）《合同法》的相关知识。

（6）《建筑法》的相关知识。

（7）《产品质量法》的相关知识。

三、工作要求

本标准对陈列展示设计员、陈列展示设计师和高级陈列展示设计师的技能要求依次递进，高级别涵盖低级别的要求。

（一）陈列展览设计员（表5-2）

陈列展览设计员工作要求 表 5-2

职业功能	工作内容	技能要求	相关知识
一、设计准备	(一)设计调研	1. 能对业主委托项目的各项要求进行了解 2. 能完成展览场地勘测 3. 能协助完成展品调研	1. 现场勘测知识 2. 调查研究知识 3. 建筑结构及材料知识
	(二)设计草案	1. 能根据设计任务书的要求作出草图方案 2. 能准确进行方案比较	1. 设计程序知识 2. 书写、绘图表达知识
二、设计表达	(一)方案设计	1. 能根据方案要求绘制三视图和透视图 2. 能为用户讲解设计方案 3. 能写出设计报告书	1. 三视图和透视图绘图知识 2. 空间造型的尺度与比例知识 3. 手绘透视效果图方法
	(二)深化设计	1. 能协助设计师深化设计 2. 能与相关专业人员协调、配合	1. 装修工艺知识 2. 道具使用知识 3. 图案与装饰知识 4. 陈列艺术知识 5. 照明、视听知识 6. 生态与绿化知识 7. 文物保护知识
	(三)绘制表现图与施工图	1. 能绘制陈列、展示空间的透视效果图 2. 能绘制规范的施工图及节点大样图	1. 装修构造知识 2. 广告与传媒的基本知识
三、设计实施管理	(一)施工制作	1. 能完成材料的选样工作 2. 能对施工现场进行质量监督和技术指导 3. 能对外协加工进行质量监督	1. 陈列展览材料知识 2. 陈列展览材料工艺常识 3. 施工质量标准和检验知识
	(二)组装与竣工	1. 能协助完成竣工验收 2. 能协助完成组装和竣工现场的实测 3. 能协助绘制竣工图并整理存档图文资料	1. 验收标准知识 2. 现场实测知识 3. 竣工图绘制知识

(二)陈列展览设计师(表 5-3)

陈列展览设计师工作要求 表 5-3

职业功能	工作内容	技能要求	相关知识
一、设计定位	(一)收集信息	能收集国内外相关展览的图文信息	1. 人际沟通常识 2. 功能分析常识 3. 环境心理常识 4. 设计文案知识 5. 陈列展览采光知识
	(二)功能定位	能根据业主的要求进行准确的功能定位	
	(三)制定纲要与形式定位	能根据目标观众心理与展示环境,确定形式风格	
二、设计创意	(一)创意方案	能完成创意草图	1. 方案设计知识 2. 设计美学知识
	(二)设计方案	1. 能编制完整的设计方案 2. 能用图形语言完成平面分区、展示动线、展位视觉形象的量化分析	1. 设计意图推介方法 2. 评价文字写作知识 3. 设计文件编辑知识
三、设计表达	(一)综合表达	1. 能编制系统设计文件 2. 能分别用文字、语言、图形全面表达设计意图 3. 能对设计方案进行评价和优化选择	1. 多种媒体表达方法 2. 图形表现知识 3. 陈列展览的相关设计规范
	(二)审图	1. 能识读建筑图、产品图、装修施工图、大样图并完成审核 2. 能根据审核中出现的问题提出合理的修改方法	1. 陈列展览施工图知识 2. 专业技术审核知识
四、设计实施管理	设计及施工指导	1. 能制定细目规范和局部艺术标准 2. 能指导具体设计 3. 能完成施工项目的竣工验收 4. 能进行技术资料汇总并整理存档 5. 能够对陈列展览设计员进行业务培训	1. 陈列展览的设计施工技术指导知识 2. 技术档案管理知识 3. 专业指导与培训知识

（三）高级陈列展览设计师（表5-4）

高级陈列展览设计师工作要求　　　表 5-4

职业功能	工作内容	技能要求	相关知识
一、设计定位	设计总体规划	1. 能完成大型展览会的总体规划设计 2. 能设计大型项目实施程序和方法 3. 能进行项目总标准的制定	1. 陈列展览的总体规划设计知识 2. 设计程序知识
二、设计创意	概念定位和形象创意	能进行总体功能和空间形象调控	1. 创意思维与设计方法知识 2. 设计宏观调控知识
三、设计表达	技术与艺术风格定位	1. 能正确运用各类设计方法进行设计 2. 能运用相关技术标准进行设计 3. 能运用各类艺术风格进行设计定位	1. 建筑规划与标准知识 2. 造型美学知识
四、设计管理	（一）组织协调	1. 能合理组织设计制作人员完成综合项目 2. 能在设计中与各方面进行协作	1. 管理常识 2. 公共关系知识
	（二）进度控制与监督审核	1. 能根据标准与规范进行监督审核 2. 能按要求进行进度控制	1. 项目主持人相关知识 2. 专业技术规范与技术审核知识 3. 专业培训的相关知识
	（三）设计指导与培训	1. 能进行总体图纸的绘制 2. 能对各级别设计师进行技能培训	
	（四）预算计划	能够提出合理的预算计划并确保完成	工程造价预算知识
五、设计评价	（一）功能与艺术质量评价	能进行项目功能性评价和艺术评价	综合评价知识
	（二）设计总结与存档	能够指导完成技术资料汇总并整理存档	

四、比重表

（一）理论知识（表5-5）

理论知识比重　　　表 5-5

项　目			陈列展览设计员（%）	陈列展览设计师（%）	高级陈列展览设计师（%）
相关知识	基本要求	职业道德	5	5	5
		基础知识	15	10	5
	设计定位	功能定位	—		—
		收集信息	—	30	—
		制定纲要与形式定位	—		—
		设计总体规划	—	—	10
	设计准备	设计调研	15	5	—
		设计草案	5	—	—
		形式定位	—	—	5
		制定规范	—	—	5
	设计创意	创意方案	—	10	—
		设计方案	—	10	—
		概念定位和形象创意	—	—	10

续表

项目		陈列展览设计员（%）	陈列展览设计师（%）	高级陈列展览设计师（%）
相关知识	设计表达 方案设计	10	—	—
	深化设计	20	—	—
	绘制表现图与施工图	15	—	—
	综合表达	—	10	—
	审图	—	10	—
	技术与艺术风格定位	—	—	10
	设计实施管理 施工制作	10	—	—
	设计及施工指导	—	10	—
	组装与竣工	5	—	—
	设计管理 组织协调	—	—	15
	设计指导与培训	—	—	15
	进度控制与监督审核	—	—	
	预算计划	—	—	10
	设计评价 功能与艺术质量评估	—	—	10
	设计总结与存档	—	—	
合　计		100	100	100

（二）技能操作（表5-6）

技能操作比重　　　　　　　　　　　　表5-6

项目		陈列展览设计员（%）	陈列展览设计师（%）	高级陈列展览设计师（%）
技能要求	设计定位 功能定位	—	10	—
	收集信息	—	5	—
	制定纲要与形式定位	—	10	—
	设计总体规划	—	—	15
	设计准备 设计调研	10	—	—
	设计草案	15	—	—
	形式定位	—	—	5
	制定规范	—	—	5
	设计创意 创意方案	—	20	—
	设计方案	—	20	—
	概念定位和形象创意	—	—	15

项　　目		陈列展览设计员（%）	陈列展览设计师（%）	高级陈列展览设计师（%）
技能要求	设计表达 方案设计	20	—	—
	深化设计	20	—	—
	绘制表现图与施工图	20	—	—
	综合表达	—	20	—
	审图	—	5	—
	技术与艺术风格定位	—	—	10
	设计实施管理 施工制作	10	—	—
	设计及施工指导	—	10	—
	组装与竣工	5	—	—
	设计管理 组织协调	—	—	10
	设计指导与培训	—	—	10
	进度控制与监督审核	—	—	5
	预算计划	—	—	10
	设计评价 功能与艺术质量评估	—	—	10
	设计总结与存档	—	—	5
合　　计		100	100	100

本章小结

作为一名陈列展览设计师，首先要热爱自己的专业，要有一丝不苟的学习精神和工作态度，要具备良好的职业道德。同时，应具备综合的知识体系和专业素质；对本专业做到精益求精，对于相关专业也要多方位涉及，认真学习，充实自己；同时要了解陈列展览设计师国家职业标准的相关要求，为考取相关职业证书做准备。

思考与练习

1. 陈列展览设计师应具备的职业素质有哪些？

2. 不同等级的陈列展览设计师应符合哪些职业标准？

参考文献

[1]   徐乃湘.博物馆陈列艺术总体设计.北京：高等教育出版社，2013.

[2]   Greub Suzanne,Greub Thierry.21 世纪博物馆：概念、项目、建筑.大连：大连理工大学出版社，2008.

[3]   乌韦·J·赖因哈特，菲利普·托伊费尔.博物馆、艺术馆、展览馆:展览和陈设设计.韩晓旭，译.精装.北京：中信出版社，2013.

[4]   华东建筑设计院.JGJ 66—1991 博物馆建筑设计规范.北京：中国建筑工业出版社，1991.

[5]   中国建筑科学研究院.GB/T 23863—2009 博物馆照明设计规范.北京：中国标准出版社，2009.

[6]   王雄.文博展馆空间设计.平装.沈阳：辽宁美术出版社，2011.

[7]   蒋玲.博物馆建筑设计.平装.北京：中国建筑工业出版社，2009.

[8]   伊峻慷.文化营造：世界当代博物馆、美术馆设计.南京：江苏科学技术出版社，2013.

[9]   邹瑚莹，王路，祁斌.博物馆建筑设计.平装.北京：中国建筑工业出版社，2002.

[10]   杨海荣，阎磊.论博物馆建筑内部的交通流线设计.四川建筑科学研究，2009，35（5）：210-214.

[11]   秦静，李世芬.博览建筑流线与空间形态的关联性建构研究.中外建筑，2012，（5）：32-35.

[12]   德永华，闫子瑛.博物馆照明设计刍议：从国家宝藏巡回展采光照明说起.中国文物报，2011-04-20（8）.

[13]   张筠莉，杨祯山.博物馆陈列采光与照明问题.中国照明电器，2000，（8）：4-8.

[14]   杨秋，崔波.功能引领设计 功能引领材料：博物馆展柜功能新需求研讨会综述.中国博物馆，2012，（3）：125-126.

[15]   北京市建筑设计研究院.GB 50763—2012 无障碍设计规范.北京：中国建筑工业出版社，2012.

[16]   贾祝军，申黎明，沈怡君.博物馆的无障碍设计探析.山西建筑，2011，37（32）：15-17.

[17]   王志方.无障碍设计的发展.山西建筑，2012，38（36）：5-7.

[18]   沈晓林.无障碍设计在博物馆展示设计中的应用.牡丹江大学学报，2010，19（10）：110-112.

[19]   李保国，郑广荣.博物馆形式设计的艺术特征与美学追求.中国博物馆，1994，（1）.

[20]   侯雅静.博物馆陈列展览空间设计研究.广州：华南理工大学，2012.

[21]   《建筑设计资料集》编委会.建筑设计资料集（4）.2 版.北京：中国建筑工业出版社，1994.

[22]   彭一刚.建筑空间组合论.3 版.北京：中国建筑工业出版社，2008.

[23]   万如意.展具设计.杭州：浙江大学出版社，2013.

[24]   陈宇滔.多媒体技术在博物馆陈列中的应用.大众文艺：学术版，2012，（23）：200.

[25]   刘新阳.数字技术解读历史陈列——新媒体技术在博物馆陈列展示中的应用.设计艺术研究，2012，2（2）：37-42.

[26]   黄曦.多媒体技术在现代博物馆陈列艺术设计中的合理运用.艺海，2013，（6）：203-205.

[27]   马星.论多媒体艺术在博物馆展鉴中的应用.上海：东华大学，2007.

[28] 陆建松 . 陈列大纲不等于展览内容脚本 . 中国文物报，2006-08-18（6）.

[29] 国家文物局，中国博物馆学会 . 博物馆陈列艺术 . 北京：文物出版社，1997.

[30] 周丽婷，贺丽莉 . 论博物馆陈列设计师应有的职业素养 . 现代装饰：理论，2012，（7）：113，116.

[31] 谢勇 . 如何成为优秀的博物馆陈列策展人 . 学理论，2010，（16）：129-130.

[32] 文中部分图片出自 http://www.sj33.cn，http://www.baidu.com，http://www.id-china.com.cn.

[33] 国家职业标准汇编（第二分册）. 北京：中国劳动社会保障出版社，2004-08-10.